《中华文明史话》彩图普及丛书

Zhonghua Wenming Shihua
中華文明史話

孔庙史话

《中华文明史话》编委会　编著

中国大百科全书出版社

图书在版编目(CIP)数据

孔庙史话/《中华文明史话》编委会编.—北京:中国大百科全书出版社,2009.4
(《中华文明史话》彩图普及丛书)
ISBN 978-7-5000-8118-0
Ⅰ.孔… Ⅱ.中… Ⅲ.孔庙—简介—中国 Ⅳ.K928.75

中国版本图书馆CIP数据核字(2009)第057812号

策 划 人:蒋丽君
丛书责编:胡春玲　马丽娜
责任编辑:杨寅辉
技术编辑:尤国宏　贾跃荣
责任印制:乌　灵

中国大百科全书出版社出版发行
(北京阜成门北大街17号　邮政编码:100037　电话:010-88390790)
http://www.ecph.com.cn
新华书店经销
北京佳信达欣艺术印刷有限公司印刷
开本:787×1092　1/16　印张:7　字数:78千字
2009年4月第1版　2015年8月第8次印刷
印数:56001~61000
ISBN 978-7-5000-8118-0
定价:18.00元

《中华文明史话》编委会

主　　编：龚　莉
副 主 编：辛德勇
编　　委：唐晓峰　韩茂莉　钟晓青
吴玉贵　彭　卫

《孔庙史话》
本书编撰：方　拥　许　政

序

北京大学教授 辛德勇

我不是一个科班出身的历史学工作者，基础的中国历史知识，几乎全部得自自学。所谓“自学”，也就是自己摸索着读书。在这个过程中，一些篇幅简短的历史知识小丛书，给我提供过非常重要的帮助，是引领我步入中华文明殿堂的有益向导。按照我所经历的切身感受，像这样简明扼要的小书，对于青少年和其他普通读者了解中国的历史文化，应当会有更大的帮助。现在摆在读者面前的这套《中华文明史话》彩图普及丛书，就是这样一部中国历史知识系列专题读本。

编撰这样的历史知识介绍性书籍，首先是要保证知识的准确性。这一点说起来简单，要想做好却很不容易。从本质上来讲，这是由于历史本身的复杂性和认识历史的困难性所造成的，根本无法做到尽善尽美；用通俗的形式来表述，尤为困难。好在读者都能够清楚理解，它只是引领你入门的路标，中华文明无尽的深邃内涵，还有待你自己去慢慢一一领略。

这套《中华文明史话》彩图普及丛书，在首先注重知识准确性的基础上，编撰者还力求使文字叙述生动、规范，深入浅出，引人入胜；内容则注重富有情趣，具有灵动的时代色彩，希望能够集知识性、实用性、趣味性和时代性于一体；选题则努力契合社会公众所关注的问题；同时选配较多图片，彩色印刷，帮助读者更为真切地贴近历史。

生活在物质文化高度发达的当代社会而来学习久已逝去的历史知识，经常会有人提出为什么要读这些书籍的问题。中国古代士大夫对历史知识价值的阐释，是"以史为鉴"，即在现实社会生活中特别是处理政务时借鉴历史的经验。历史知识这一功能，直到今天，依然存在，但并不是与每一个人都有直接的关系。对于大多数社会普通民众，尤其是对于青少年朋友来说，我想，历史知识虽然既不能当饭吃，也不能当衣服穿，但却是人类精神不可或缺的基本营养要素。读史会使人们的头脑更为健全，智慧更为发达，情操更为高洁，趣味也更为丰富。

2009年4月4日

目录

CONTENTS

引言

曲阜在山东省的西南部，是一座享誉全球的文化古城。从考古学角度看，这座古城迄今有着绵延5 000多年的文明史。曲阜声誉的主要缔造者，是一个伟大的文化名人，这个人就是孔子。他大约诞生于华夏文明史的中间阶段。当他生活的年代，东方人类2 500年的经验在他身上总结；当他逝去以后，东方人类2 500年的活动因他思想的照耀而熠熠生辉。曲阜人一直津津乐道的两句七言诗，对于过去和未来做出了十分精练的归纳："千年礼乐归东鲁，万古衣冠拜素王。"

曲阜的孔庙、孔府、孔林，统称"三孔"，是中国历代纪念孔子和推崇儒学的标志。孔府是孔子后人居住的宅第，孔林是孔氏家族的墓地。唯有孔庙，超越了孔氏家族的局限，同时成为中国历代朝廷、地方政府以及广

大民众奉祀至圣先师的地方。在不同的时代，孔庙有文庙、鲁司寇庙、夫子庙、至圣庙、先师庙、文宣王庙等不同称谓。经过长期的多样融合，其建筑已经远远超出自身功能的含义，成为中华多民族共有文化的象征。孔庙总是与学校共生并存，祭祀总是与教学密不可分，从而体现出儒学在中国传统文化中的主流地位。历史上的孔庙，起源于孔氏后裔对先人的追思和朝廷对贤人的褒奖。在发展的过程中，孔庙逐渐超越了宗族或国家的界限。从孔氏到中国几乎所有姓氏，从鲁国到中原到全中国到世界各地，孔庙已经毫无疑问地成为中国传统文化的集中代表。

孔庙最初的建立，始于春秋战国之际，孔子去世后的第二年（公元前478），鲁哀公将孔子生前在曲阜的“故所居堂”立为庙，当时建筑只有三间。随着时间的推移，这三间家常的居室，不断地踵事增华，渐渐成为中国人心中的一盏明灯。西汉司马迁亲往曲阜孔庙参拜，看到生前屡遭挫折的孔子能够于死后受到世代儒生的长久尊崇，感同身受地发出由衷的景仰之情。

西汉以前，儒家的主要任务是传授历史文化，并对士人进行修身、齐家、治国等方面的教育。汉武帝接受儒生的建议，定儒学于一尊，使其从此享有正统主流的地位，其基本观念和价值标准与国家制度密切联系，具有绝对的权威。对于此后两千余年中国的社会生活，儒学有着广泛而深刻的影响。

汉代以后，随着日益显赫的身后名，孔子的影响越来越大。在历代朝廷的重视下，孔庙建筑的规模不断扩大，建筑等级不断提高。北魏孝文帝于太和十六年(492)改称孔子为“文圣尼公”。南

朝梁武帝于天监四年(505)立学校，建孔庙。南北朝时期，在西域文化的影响下，孔庙殿堂之内出现偶像崇拜。东魏鲜卑族的孝静皇帝元善见，则是第一个主张为孔子及其弟子塑像的人。在他的支持下，兖州刺史李珽于兴和元年(539)，下令工匠“雕塑圣容、旁立十子”。中国原有的儒、道两教先前并不存在针对教祖的偶像崇拜，东汉初次到来的佛教亦然。魏晋时期，佛教东传形成又一波高潮，印度文化与罗马文化相结合的最新成果被带到中土。为佛、儒等教祖塑像是一次意义重大的改革，从艺术史角度看，极大地推动了中国雕塑的发展。

唐太宗时，全国各地的州、县学中普遍设立孔庙。唐玄宗时，开始为十哲等塑像。开元二十七年(739)，唐玄宗升孔子为王爵，谥号“文宣”。北宋大中祥符元年(1008)，加封孔子为“玄圣文宣王”，五年(1012)改称“至圣文宣王”。孔子地位得到最大的提升。

原始的孔庙，只是就孔子生前住屋改设的纪念性建筑而已。从汉代开始，孔子居中国圣贤之首位，受到历代帝王和民众的崇拜。孔庙作为一种特定的建筑类型，在国家制度层面的大力支持下，一代又一代地繁荣发展。唐代以后，孔庙遍及大江南北、长城内外。据初步统计，迄至清末，全国的府、州、县设立的孔庙数量超过1 500处。换言之，大体每个县以上的城镇中都有孔庙。凡是文风蔚起的地方，一定有祭祀孔子的庙宇。反之亦然。历经自然风雨和社会动乱，孔庙受到很大破坏，可是现存数量依然众多，其中不少具有相当高的文物价值和观赏价值。作为一种形制严谨而蕴涵深厚的规划和设计，孔庙堪与世界历史上任何一种建筑类型相媲美；它在时间上的绵延之久，在地域上的铺展之广，则是世界上其他任何一种建筑类型所望尘莫及的。

一

孔子

作为伟大的思想家和教育家，儒家学派的创始者，在过去2500多年的历史上，孔子及其思想和学说对于东方人性格和气质的塑造，发挥了极其重要的影响。在世时，他被公认为是知识最为渊博的学者；逝世后，他被尊崇为大成至圣、万世师表。尽管如此，孔子仍然是一个人而不是神，他的思想之所以能够普遍地深入人心，主要原因是他在很多地方都与普通人非常接近。

1. 孔子的生平

孔子，名丘，字仲尼，春秋后期鲁国人。儒家创始人，思想家、教育家。鲁襄公二十二年（公元前551）生于鲁国陬邑（今山东曲阜），鲁哀公十六年（公元前479）病逝。

孔子原属殷族，远祖孔父为宋国的大臣，在贵族内讧中被杀，子孙流亡鲁国。父亲郰叔纥是著名勇士，为鲁国贵族臧武仲的家臣。孔子出生不久，父亲便壮年早逝，因而家道中落。不过作为士大夫的子弟，孔子还是受到了良好的传统武士教育，这使他熟悉了礼、乐、射、御、书、数六艺。传说孔子从小就喜欢祭祀礼仪，长大后善于射箭御车。他勇武有力，虚心好学，

孔子像

曾在鲁国执政季氏手下充任委吏（管理仓储）、乘田（管理牛羊）等小吏，都能够恪尽职守。同时，孔子时时事事注意学习，入太庙后，每每遇到不懂的问题，就向人请教。郯国君主访问鲁国时，与人谈及古代官制问题，孔子听说后，就拜见郯子向他求教。他曾说："三人行，必有我师焉，择其善者而从之，其不善者而改之。"通过向社会广泛求教，到三十岁左右，孔子已经成为当时知名的博学大师，并开始招收门徒，传授《诗》、《书》、《礼》、《乐》等古代文化典籍。

孔子杏坛讲学

公元前515年，鲁国政局突变，不甘心居于傀儡地位的鲁昭公发兵讨伐季氏，被季氏、孟氏、叔孙氏三家联合击败而流亡齐国。但季氏等三家也并不另立国君，鲁国实际上权归三家，这种“政在大夫”的局面发展到了顶点。孔子对此颇为不满，却又无可奈何。于是他在这年到达齐国，他在回答齐景公问政时提出过“君君、臣臣、父父、子子”的主张，很得景公赞赏。景公本想任用孔子，但遭到晏婴等人的阻挠，最终孔子未得重用，仍旧回到鲁国聚徒讲学。后来鲁国政局又变，卿大夫也变为傀儡。公元前505年以后，季氏的家臣阳虎挟制季桓子，指挥三家，操纵鲁政，还曾打算招纳孔子，但遭到孔子的委婉谢绝。后来阳虎被季氏、孟氏打败，流亡齐晋，季桓子重新掌权。季桓子以鲁君名义任命孔子为司寇，并且任用孔子的弟子子路为季氏家宰。这是年过五旬的孔子第一次获得施展政治抱负的机会。

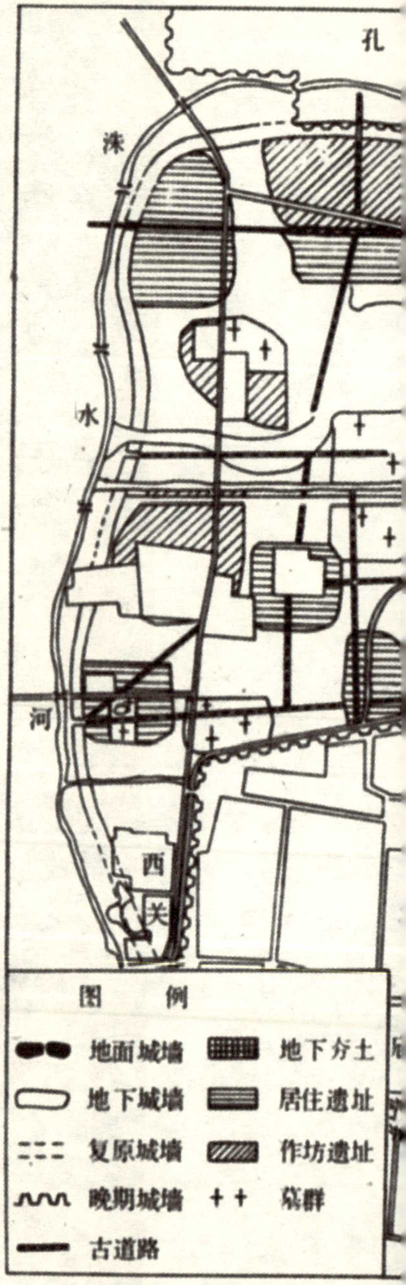

公元前500年，鲁定公同齐景公在夹谷会晤，孔子被破格选拔为相，陪同出席。由于他保持警惕，并对会晤作了周密部署，使得定公免遭劫持。孔子虽然未能改变鲁国长期依附齐国的地位，却争取到齐国归还阳虎叛乱时投献的“汶阳之田”，维护了鲁国的基本权益。公元前498年，为了消除家臣叛乱的据点，削弱卿大夫的

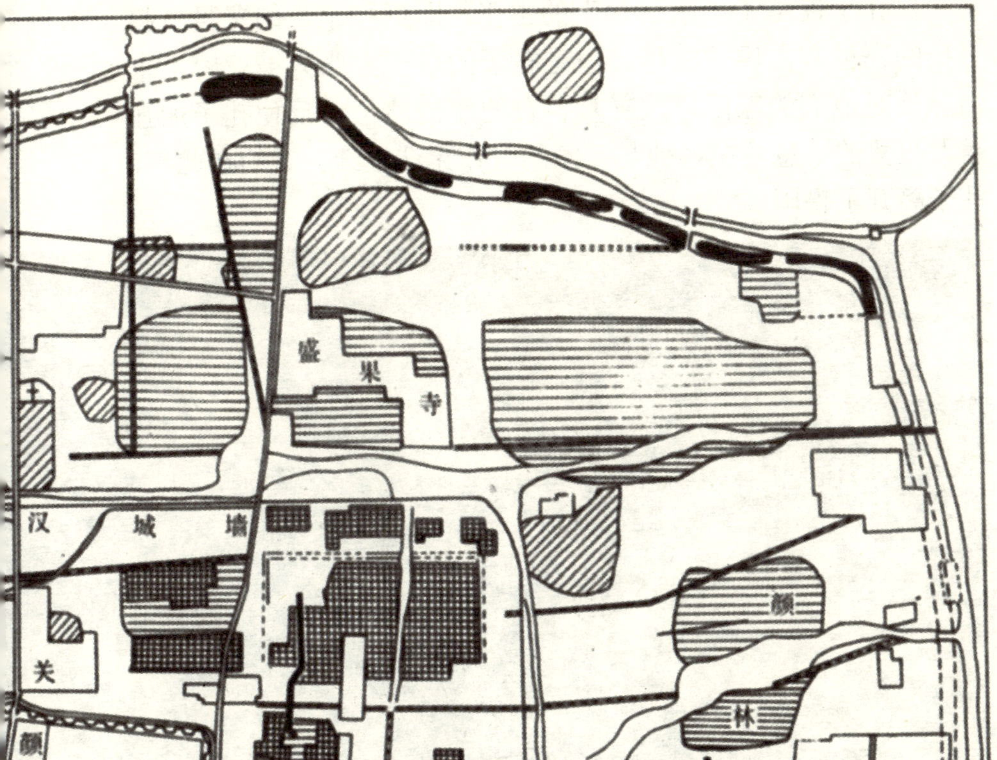

鲁国故城遗址分布图(孔庙、孔府、孔林)

实力，孔子提出了“堕三都”的主张，即拆毁季氏的费邑、叔孙氏的郈邑和孟氏的成邑。但是孔子的这一主张只被三家用来清除反对他们的家臣，改善其各自的统治地位，反使孔子加强鲁君权势的本意落空，他与三家的合作无法继续。大约在此年，孔子离开了鲁国。

在陈绝粮——孔子被困于陈蔡之间，虽绝粮，仍讲诵不衰

孔子为了推行自己政治思想而奔走于各国，他出门总带着拜见君主委质为臣需用的贽物。每到一国，总要积极参与当地的政治活动，希望能有赏识和信任自己的明君，干一番事业。他曾非常自信地宣称："苟有用我者，期月而已可也，三年有成。"可是他在周游卫、宋、陈、蔡等国的十多年中，却从未得到这样的际遇，最好的也不过是以优厚的俸禄把他供养起来，装点门面，更多的时候则是备受冷遇。有时甚至处于饥寒交迫、生命危险、狼狈不堪的境地。但是，无论生活安乐或困苦，都没能使孔子放弃自己的政治抱负。公元前484年，年近古稀在政治上不断碰壁的孔子深知自己的理想已无法实现，便决心返回鲁国，终老于教育。这时他的一些弟子已经在季氏手下任职，并取得了政绩。季康子便礼聘孔子返国，让他以政界元老、社会贤达的荣誉地位从事讲学并整理文化典

籍。晚年的孔子被尊为“国老”，有权参加国家大政方针的议论，个别重要的改革还特别事先征询他的意见，有时他也主动提出重大建议。公元前 479 年，孔子病故。鲁哀公专门写了悼辞，弟子们更是举行隆重的葬礼，并为他守孝三年。孔子墓和故居从此相沿成为鲁国儒生讲习诗书礼乐的场所。

曲阜孔子墓

2. 孔子的思想

春秋时代，是中国由奴隶制社会向封建制社会转变的一个时期。生活在这个过渡时代的孔子，既有留恋旧秩序的一面，也有向往新事物的一面。他的思想充满着新旧两个方面的矛盾，可是说是春秋时代的一面镜子，反映着这个大变动时代的精神面貌。

孔子像

（1）“礼”与“仁”的学说

礼原本是中国奴隶社会的典章制度，夏、商、周三代奴隶主阶级以礼来规范其成员的行为和思想。周礼因革于夏礼和殷礼，最为完备。孔子把礼视为维护旧等级制度的重要手段，认为它是区别华、夷的标志。对于周礼的完美，他更是赞叹不止。孔子认为要维护周礼，必须从“正名”入手，他说：“名不正则言不顺，言不顺则事不成，事不成则礼乐不兴，礼乐不兴则刑罚不中，刑罚不中则民无所措手足。”

孔子的“正名”，其社会作用就在于用周礼的形式去匡正已经产生变化的社会现实。春秋时期，出现了臣杀君、子杀父、少陵长、庶废嫡等违背伦理的行为，出现了“礼乐征伐自诸侯出”、“政在大夫”、“陪臣执国命”的僭越行为。这种现象，反映着奴隶主阶级内部的权力之争和新兴地主阶级为了争夺政权对周礼束缚的反抗。前者表现着奴隶主阶级内部的腐败，后者则代表一种历史前进的趋势。孔子对于破坏周礼的行为一概加以谴责，鲁国的季氏不是天子，却窃用天子之礼，孔子对此极为愤慨，说：“是可忍也，孰不可忍也。”

孔子对当时的社会变革非常不满，总想恢复周礼：君主以身作则，控制租赋徭役以富民教民；臣民恪尽职守，努力劳作以尊奉君主。但这显然是他一相情愿的空想。不过他斥责暴君苛政，关怀国计民生，却是出自衷心，并留下了深远的影响。在孔子看来，君主和臣民间的权利、义务是相对的，他不承认君主绝对的专制淫威，而主张臣民有权选择君主。他认为，大臣对待国事应该据理直言，对待君主的过失不能盲目顺从，如果贪恋利禄而放弃这种职责是可耻的。他把礼，即西周以来君主等级制社会的传统秩序和体制，作为君主和臣民共同遵守的原则。“立于礼”,正是孔子政治思想的核心。

孔子又说:“人而不仁如礼何？”这是用仁这种伦理道德来充实作为社会准则的礼，使礼具有真情实感而得到普遍的自觉遵守。“仁”这个概念在春秋时期已经被广泛使用，孔子则赋予“仁”以新的含义。孔子认为，仁就是“爱人”，就是推己及人的忠恕之道。他认为，仁是规范人们相互关系的原则，与人相处一要真诚，二要责己，还要克制私心,推己及人,“己所不欲，勿施于人”，这就是“忠恕之道”。在这里，所欲所不欲都得考

刻有儒家经典的石碑

虑到人我双方，不能只顾自己，但是否合理却仍以礼为标准。因此，君主应谨严修身，以自己的模范行动影响臣民。这不仅在主观上有立人、达人的良好愿望，更重要的是客观上达到了施民、济众的实际成效，是孔子理想的政治局面。

孔子的仁，还包含着爱惜劳动者的观点。孔子认为，统治者应该对被统治的劳动者实行宽惠，也就是实行德政。所谓德政，包括两个相互联系的方面，即在经济上实行惠民政策，政治上对民宽刑罚而重教化。经济上惠民，即使民“足食”，反对统治者无节制地剥削人民，认为过分的剥削会造成“不均”，不均是国家的大患；政治上宽民，即反对苛政，主张对人民要“道之以德，齐之以礼”，反对“道之以政，齐之以刑”，认为前种方法既可培养人民的道德观念，又可让人民自觉地遵守社会规范；后种方法只能促使人民为避免刑罚而不去犯罪。

为了实行德政，孔子还提出了“举贤才”的政治主张。孔子关于“仁”的思想以及由此引申出来的德政和举贤才主张，就其根本来说，起着维护等级制度的社会作用，但它突破了奴隶制度的“礼不下庶人”和用人上的“亲亲”原则，也有推动社会前进的一个方面，特别是仁的思想包含着对劳动者的爱惜，表现出把劳动者当人看待的观点，这是顺应了奴隶解放的时代潮流，在当时具有重要的进步意义。

（2）中庸之道

孔子对现实采取“知其不可而为之”的态度，具有“凡民有丧，匍匐以救之”的精神。中庸是他立身行事的最高标准。中庸又谓之“中行”、“中道”。这种立身行事的原则要求人在处理事务时，既不能过，也不能不及。《论语》有这样一则故事：子贡问孔子：“子张与子夏谁更好些呢？”孔子说：“子张过分，而子夏不足。”子贡说:“那么是子张要好一些，是吗?”孔子说:“过分和不足是一样的。”在他看来，过犹不及,“过”和“不足”都是不好的，都偏离了中道。

孔子力求使人的行为符合中庸之道。为此他主张对性格过于进取的人加以遏制，而对于性格谦退的人加以鼓励促进。据《论语》记载，孔子弟子子路、冉有都曾问孔子，听到应当作的善行可以立即行动吗?孔子回答子路说:“有父兄在，怎么能听到就行动起来呢?”而答复冉有则说:“听到了就行动起来。”弟子公西华对孔子的不同回答感到困惑，孔子解释说:“冉有总是退缩，所以我鼓励他；子路好勇过人，所以我约束他。”

但孔子也承认，一般人很难做到中庸，因此他同意在中道“不可必得”的情况下，则“思其次”，他称此为“狂狷”，说:“不得中行而与之，必也狂狷乎?狂者进取，狷者有所不为也。”意思是说，要是没机会结交那些具备中行品格的人做朋友，就一定会结交狂与狷这两种人了。他对勇于进取的“狂”和退而洁身的“狷”都给予了一定的肯定，而最厌恶的是”乡原”，认为“乡原，德之贼也”。孔子斥责那些外表忠诚谨慎，实际上一脑子坏思想、欺世盗名的人，这与他所强调的做人要注重“仁”和“礼”的统一是一致的。

(3) 天命神鬼观

孔子继承传统的原始宗教的天命观，有时把天视为人世间的主宰者和人格神。《论语》中有不少有关的记载。《论语》中有一则“子畏于匡”的小故事：鲁定公十四年(约公元前 496),孔子在卫国已经居住了将近一年，虽未得到卫灵公的重用，但得到的待遇还算优厚。后来有人在卫灵公面前进谗言，使卫灵公对孔子起了戒心，孔子于是萌生去意，打算到陈国去。在经过匡的时候，匡人将孔子误认为是阳虎，阳虎以前攻打过匡，并做过一些残暴杀戮的事情，因而匡人对他恨之入骨。于是匡人带兵把孔子等人围了起来，一围就是五天，生命受到了威胁，弟子们都很害怕，然而孔子却说：“周文王已经逝去，周代的礼乐制度不就在我们这里吗？如果上天要我们丧失这些文化，后死者就不会接触到这些了；如果上天要保留这些，匡人又能把我怎么样呢？”不过，后来当匡人意识到了错误后便解了围。据《述而》记载，宋国的司马桓魋想要加害于孔子，面对生命威胁，孔子说：“上天把德赋予了我，桓魋能把我怎么样呢？”孔子不仅认为他的生死由天决定，而且还认为，他的“德”，他担负的复兴文化的使命，也是天赋予的。孔子承认天是主宰，认为有天命存在，认为天命决定着人的生死，也决定着社会的兴衰治乱。孔子在相信天命的同时，对周时盛行的通过卜筮探求上天意向的做法持否定态度，并且认为天命就蕴涵在自然事物的运行之中，人们应该顺应天命而积极努力，不应该消极服从天命安排，放弃自己的努力，因而他特别强调“为仁由己”。这些思想与传统的天命观是矛盾的。它构成了西周天命观向战国唯物主义自然观转变的过渡环节。

孔子没有明确否定鬼神，但对鬼神采取敬而远之的态度，而对于人死后是否为鬼，他采取回避态度。

孔子很看重祭祀，但不主张乱行祭祀。鲁哀公六年，楚昭王生了疾病，卜者说是河伯作祟，大夫请行郊祭，昭王说：“不谷虽不德，河非所获罪也。”便不祭。孔子知道后对鲁哀公大加赞扬。孔子“敬鬼神而远之”的态度对后世无神论思想的发展有积极影响。

(4) 知识论

孔子根据知识的来源和对待知识的态度，将人分为四等：“生而知之者，上也；学而知之者，次也；困而学之，又其次矣；困而不学，民斯为下矣。”意思是说，生来就知道的是最上

《圣迹图》(明)

等的；通过学习才知道的是次一等的；遇到困难才学习的又是次一等的；遇到困难仍然不学习的人是最下等的了。在他那里，“生而知之”的圣人或天才是不可能的，但他对“困而不学”的人也是不屑于一顾的，所以他关于获取知识的问题主要是针对“学而知之”和“困而学之”的中等人说的。孔子十分强调后天的学习，他认为如果不学习，仁、智、信、直、勇、刚等品质将流于“六蔽”。因此他一生学而不倦，曾说：“三人行，必有我师焉，择其善者而从之，其不善者而改之。”

孔子强调“多闻”、“多见”，他曾说：“多闻阙疑，慎言其余，则寡尤；多见阙殆，慎行其余，则寡悔。”意思是说，多听，对于有疑问的地方先放一放，慎重地谈论自己有把握的地方，就会减少错误；多看，避开危险，慎重地做自己有把握的事，就会减少悔恨。他认为一个人只要能“多闻”、“多见”，同时对见闻加以去伪存真，就可以在言行上少犯错误。这里接触到了认识的客观来源问题。

孔子还讨论了学和思的关系。他说：“学而不思则罔，思而不学则殆。”学习而不思考，人会被知识的表象所蒙蔽；思考而不学习，则会因为疑惑而更加危险。认为学必继之以思，思必依据于学。他反对只思不学，也反对学而不思。他认为，学到的知识必须经过思考，融会贯通，形成一个贯穿所有知识的总原则。然后从这个总原则出发，经过推演，可以得到新的知识。在他的弟子中，颜渊勤于学习，善于思考，能举一反三，闻一知十，触类旁通，因此得到了他的赞许。

孔子主张学以致用，认为君子学习的目的应是为了从政和道德践履。他认为即使把三百首诗全都背下来，在政治上无所成就，在外交活动中用不上，就是白学。他主张将了解到的道理用于道德实践，反对那种知而不行或“言而过其行”的人。

3. 教育事业

孔子一生热衷于从政，但他的主要成就却是在文化思想，特别是教育方面。春秋以前学在官府，文化知识由贵族专职人员垄断世袭。孔子首创私人讲学，面向社会广泛招收学生，传授文化知识以培养从政的人才，这便使他成为中国历史上影响深远的第一位教育家。

据《史记》记载，孔子有弟子三千，其中精通六艺者七十二人。孔子死后，“七十子之徒散游诸侯，大者为师傅卿相，小者友教士大夫”。这样就在政治上打破了贵族垄断政权的世卿世禄制，为专制君主自由任免布衣卿相的官僚体制创造了条件；在学术上传播古典文献，为百家争鸣准备了传统思想素材。这可能是孔子对中国历史发展的最大贡献。

孔子认为人的本性是可以教育的。所以他提出“有教无类”，只要是愿意上进、虚心求学的，他都不加区别地接受。孔子教育学生，首重德行和实践能力的培养，他善于采用问答方式，启发诱导学生步步深入并自动不断地钻研，他本人也毕生坚持“学而不厌，诲人不倦”。终身的教学实践使孔子积累了丰富的经验，提炼出一些科学的教育方法：如注意培养学生学习的积极性，提倡从正反两方面学习；反对自暴自弃的学习态度，鼓励青年不断改进，赶超前辈；要求学生在学习中能举一反三，发展创新；要有实事求是的谦逊态度，“知之为知之，不知为不知，是知也”；注意不断改正错误，“过则勿惮改”，“过而不改，是谓过矣”。孔子非常了解自己的学生，常常就同一问题，针对各人特点，给予不同甚至相反的答复。对于好学深思的学生，他公开赞扬；对于学生指出自己的缺点，他也能当面改正。孔门教学中保持的某种自由论辩的活泼风气，是培育众多人才的关键。

孔子的教育目的是培养为统治阶级服务的知识分子，他说："学也，禄在其中矣。"只要用心学道，就可以得到荣华和俸禄，认为学生学习是为了"干禄"。他把"文行忠信"作为教育的主要内容，把生产知识和劳动技能排斥在教学之外。有这样一则故事，有一次樊迟向孔子学稼穑之事。孔子说："我不如老农呀。"

孔子退修诗书

樊迟又请学治理园圃之事。先生说:“我不如老圃呀。”樊迟退出后，先生说:“真成一个在野小人了，樊迟呀！君子在上位，只要能好礼，民众便莫敢不敬。只要能好义，民众便莫敢不服。能好信，民众便莫敢不用他们的真心和实情来对上。政治能做到这地步，四方民众都会背负了他们的孩子来请入籍，那就耕户日增，耕地日辟，何必自己学稼穑之事呀！”孔子“有教无类”的教育实践和“学也，禄在其中”的主张，为一些出身微贱而有才干的人提供从政机会，在一定限度内实施了他的举贤才的主张，在当时具有一定的进步意义，但其鄙视生产知识和轻视体力劳动的态度对后世几千年的中国历史产生了不良影响。

4.《论语》

《论语》是儒家经典之一，为孔子与弟子的语录结集。结集工作是由孔子门人及再传弟子所做的。关于《论语》名称的来由，班固《汉书·艺文志》记载:“《论语》者，孔子应答弟子时人及弟子相与言而接闻于夫子之语也。当时弟子各有所记。夫子既卒，门人相与辑而论纂，故谓之《论语》。”这一说法，大体可信。原始记录杂出于众手，最后编定当在战国初期，以曾参门人为主。这是研究孔子及其思想的第一手资料。

《论语》的结集、流传、改编、定型经历了相当长的时间。西汉时有《鲁论语》20 篇、《齐论语》22 篇和《古论语》31 篇三种抄本流传，汉元帝时张禹编成

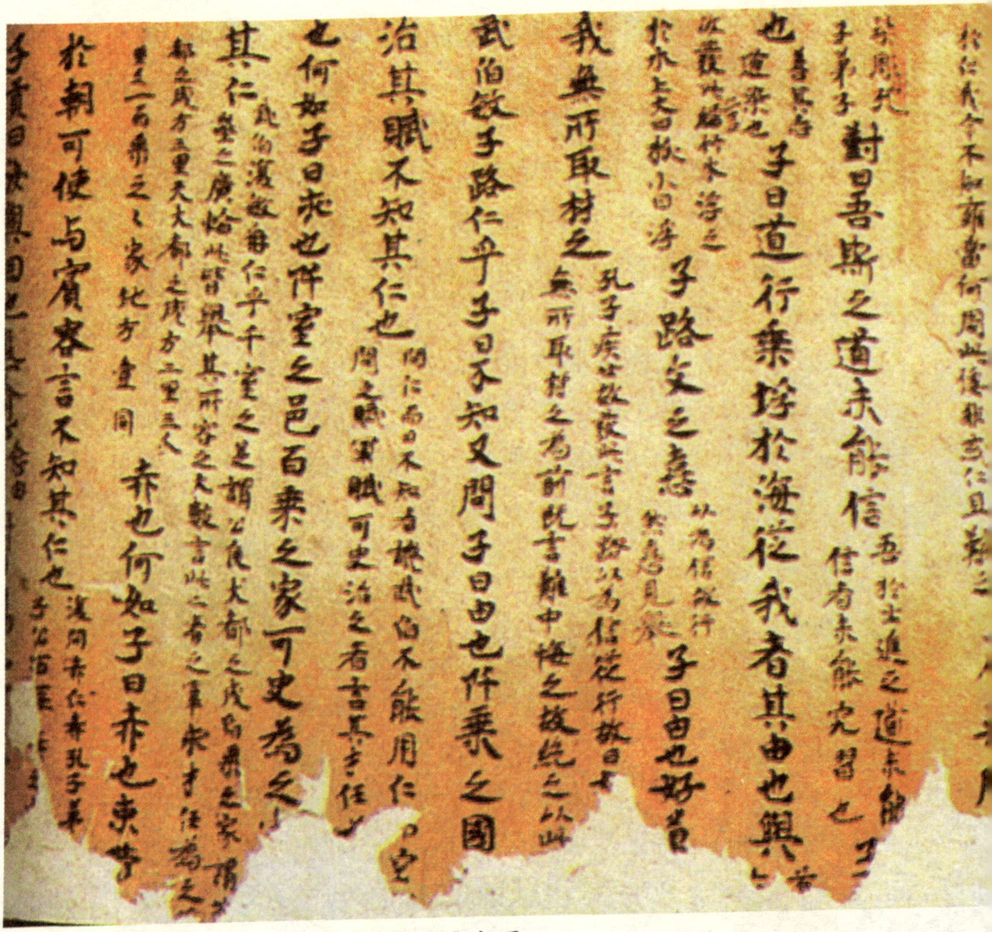

《论语》残页

《论语章句》(《张侯论》),逐渐取代三家。后经东汉经学家的多次改编,直到郑玄以《张侯论》为本,参考《齐论语》、《古论语》为之注解,《论语》才基本定型。现行《论语》20 篇,共 1.2 万字,因编辑体例所限,资料十分分散。

《论语》记述了孔子的社会政治思想、哲学思想、伦理思想、教育思想等各方面,甚至记载了他的生活习惯及一些细节。其内容广泛,多半涉及人类社会生活问题,论及如何立身行事,如何处理人与人、人与社会的关系等,其中仁是一贯之道。孔

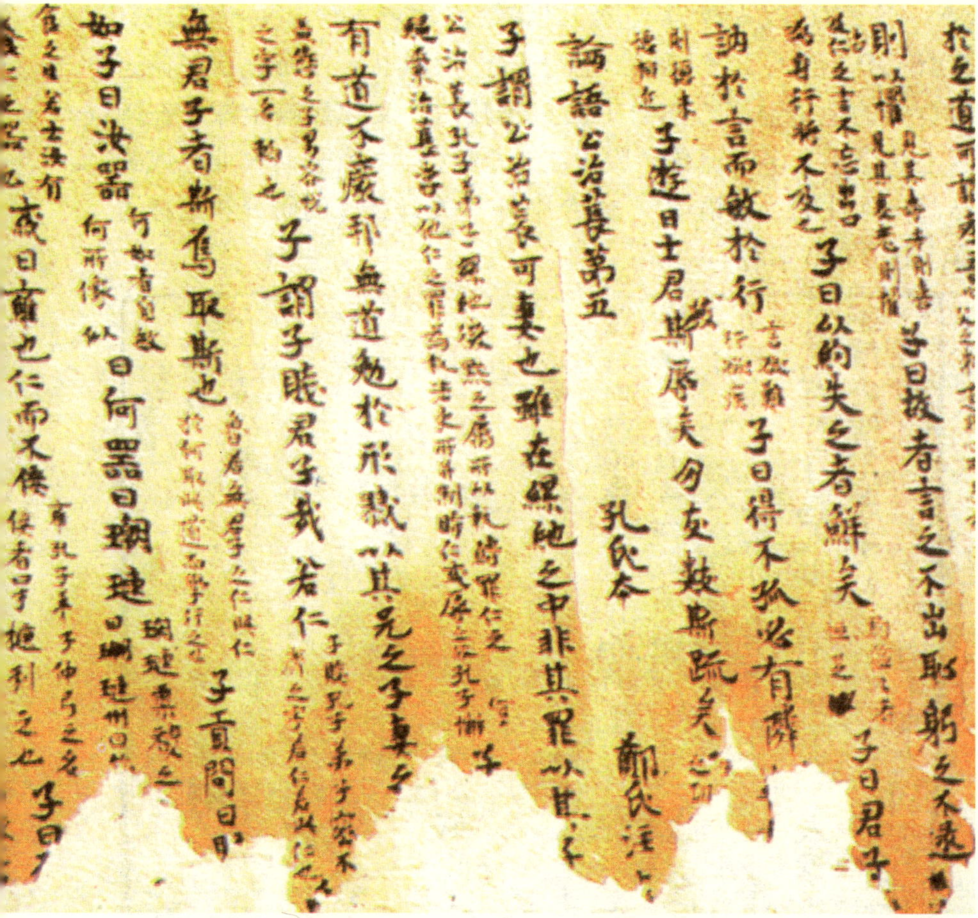

丘把仁紧扣在礼上，以实现仁的政治目标；把仁根之于孝上，以健全仁的伦理体系；用仁统摄义礼忠信，以完成仁的教育。其仁的精神，熔人伦道德、政治于一炉，撮己、人、家、国、天下为一体，将孝悌忠信的道德观念扩大到政治关系之中，构成一种宗法制的伦理、政治思想体系。

《论语》大多三言两语为章，言简意赅，发人深省。比起《尚书》来，《论语》的语言流畅通达，活泼生动，大量运用语气词、多叠句、排比、对偶，感情色彩颇浓。

《论语》被汉人尊为“五经之錧鎋，六艺之喉舌”，南宋朱熹将《论语》、《大学》、《中庸》、《孟子》合为《四书》，使《论语》在儒家经典中的地位益高。它对中国封建政治、文化影响至深。在国际上其译本之多，流传之广仅次于《圣经》。《论语》研究业已成为一门国际性的“论语学”。古今中外有关《论语》的研究和论释著作多达 3 000 多种。

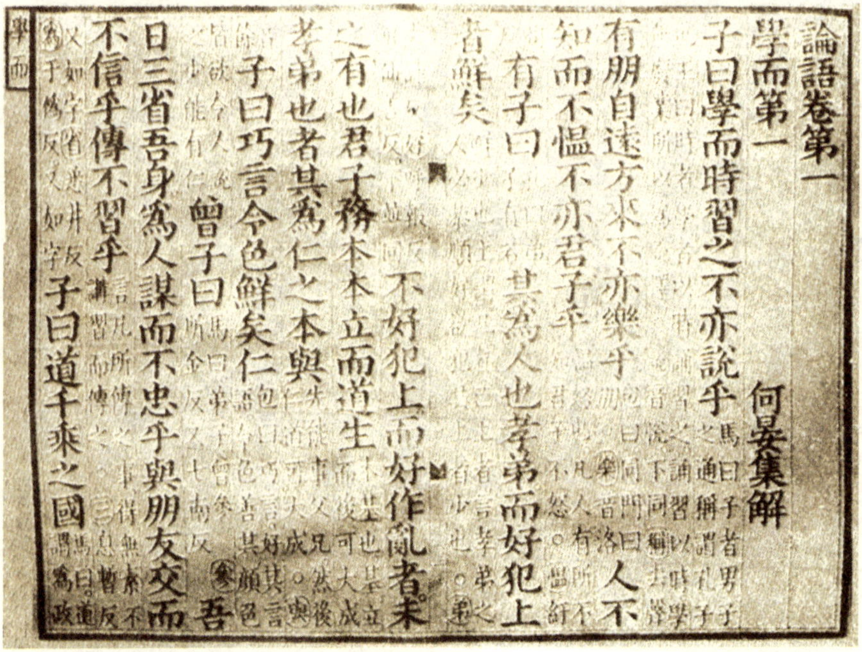
論語卷第一
學而第一　何晏集解
子曰學而時習之不亦說乎　有朋自遠方來不亦樂乎　人不知而不慍不亦君子乎
有子曰其為人也孝弟而好犯上者鮮矣　不好犯上而好作亂者未之有也　君子務本本立而道生　孝弟也者其為仁之本與
子曰巧言令色鮮矣仁
曾子曰吾日三省吾身為人謀而不忠乎與朋友交而不信乎傳不習乎
子曰道千乘之國

●《论语》书影

5.孔子的历史地位

孔子是春秋时代渊博的学问家，他创立了比较完整的思想体系。他的思想体系虽然保留着传统的天命观念，但总起来说有利于社会的进步。因此在战国时代得到了进一步发展，成为先秦显学之一。在秦统一中国之前，孔子及儒家思想并未受到统治者的特别重视，仅仅是先秦百家争鸣中的一个学派。汉代之后，孔子及儒家思想在历史中的地位发生了变化。因为中央集权制的封建统一国家业已建立，封建统治者需要一种既能适合封建社会又具有一定保守倾向的思想，于是孔子的思想受到重视。汉武帝时，采纳董仲舒的对策，罢黜百家，独尊儒术，孔子在中国历史上的至尊地位被正式确立起来。由于统治阶级的提倡，在漫长的封建社会中，虽有一些学者对孔子持批评态度，但其地位并未因此而动摇。

孔子的思想对中国哲学发展有极大的影响，对中国封建时代的文学、艺术、教育、史学、政治理论也产生过巨大影响，在一定意义上说，孔子是中国传统文化的杰出代表。在全世界，特别是在东南亚各国也有很大影响。但在漫长的封建社会里，统治阶级出于自身需要，片面地发展了孔子思想中保守的一面，使其变成了束缚人民思想的绳索。“五四”运动提出“打倒孔家店”的口号，陈独秀、李大钊、鲁迅等人在批判封建专制制度的同时，对孔子思想的保守性也进行过尖锐的抨击。

近年来，随着中华文明的崛起，中国和海外一些学者，对孔子及其思想做了系统研究和评价，取得很多新的认识。

二

南北孔氏家庙

今天的孔庙分布在世界很多国家和地区，总数达到 2 000 多座。作为人类精神遗产的载体，孔庙受到全球越来越普遍的认同和崇敬。这一精神遗产的意义和价值超越了血缘、种族或文化的界限。孔子思想的影响，如同重物落在平静湖面上生成的同心圆波纹，一圈又一圈，虽然界域越来越大，可是圆心始终存在，这就是由山东曲阜阙里孔子故居扩建而成的孔庙。曲阜孔庙最初只是孔氏家族的大宗祠堂，与华夏古老的祭祖习俗息息相关。孔子死后第二年，鲁哀公亲自撰写悼文纪念孔子，又下令将曲阜阙里孔子故居的三间房改为祠庙，其内收藏孔子的衣、冠、琴、车、书等遗物，让孔氏子孙每年都按时奉祀。

孔氏家族的另一座大宗祠堂，即位于浙江衢州市区新桥街的孔庙，一座由孔子后裔南迁以后聚族而奉的孔庙。它是中国文化曾经北南分裂而又重新整合的历史见证。如果说曲阜孔庙是孔氏家族祠堂的北宗，衢州孔庙就是孔氏家族祠堂的南宗。衢州是孔氏大宗的第二故乡，又称“东南阙里”。衢州城里的孔庙，虽不及曲阜孔庙的雄伟，但也相当可观。庙中思鲁阁内供奉着孔子夫妇的塑像，为当年衍圣公孔端友南下时带来的楷木雕，平素供奉于此阁，大祭时移于大成殿。相传孔子死后，子贡守墓3年，日日默想老夫子的形象，最终用孔子墓上的楷木精心雕刻而成。雕像虽无法证实确系子贡所制，但从雕刻的刀法以及所刻形象与服饰观之，至少雕成于汉代以前，无疑为珍贵文物。抗日战争时，衢州被日军占领，孔庙内大批祭器及南宋以来所藏文物被劫掠一空。孔子夫妇的木像因事先转移到深山之中，而得以保存。

1. 曲阜北宗孔庙

曲阜孔庙位于曲阜市中心鼓楼西侧，是中国最大亦最古老的孔庙，其殿堂之金碧辉煌，堪与北京故宫媲美。整个庙宇气势恢弘，布局严谨，是中国现存规模最大的古建筑群之一。2 000多年来不断扩建，形成壮丽宏伟的规模，为各地孔庙建筑模仿的蓝图。1994年被联合国教科文组织列为世界文化遗产之一。

曲阜孔庙

从西汉至清代，先后有12位皇帝亲自到过曲阜孔庙。西汉高祖十二年（公元前195），刘邦从淮南返回西安，途中取道曲阜，以最高礼仪（太牢）祭祀孔子。以后的帝王竞相效仿。东汉建武五年（29），刘秀率军东征经过鲁城，命大司空宋弘祭祀孔子。东汉永平十五年（72），明帝东巡中来到曲阜，祭祀孔子及七十二弟子，并亲至讲堂，命令太子讲经。东汉元和二年（85），章帝东巡中经过曲阜，以太牢祭祀孔子及七十二弟子，并大会孔氏家族中20岁以上男子，赐酒饭，又命儒生讲解《论语》。东汉延光三年（124），安帝去泰山的途中经过曲阜，祭祀孔子及其弟子。北魏太和十九年（495），孝文帝征伐南方时经过曲阜，亲自主持祭祀孔子的仪式。唐高宗李治、玄宗李隆基经过曲阜时皆亲临孔庙祭祀孔子，玄宗还派礼部尚书苏延以太牢礼仪到孔子墓上祭祀。五代时，后周太祖郭威在曲阜孔庙祭祀后，又专程去孔林祭奠孔子墓。北宋大中祥符元年（1008），真宗赵恒过曲阜，祭完孔庙也去祭拜孔子墓。　在中国尊孔崇儒的君主中，有一个突出现象是，有些少数民族君主的热忱反而超过了汉族君主。其中以清代皇帝最为显著。清康熙二十三年（1684），玄烨在曲阜孔庙祭祀孔子时，行

曲阜孔林

三跪九叩大礼，接着到孔林祭拜孔子墓时，再行一跪九叩之礼。乾隆皇帝先后8次来到曲阜，都在孔庙和孔林祭祀孔子，行三跪九叩或两跪九叩或一跪三叩之礼，虔诚之心可见一斑。

西汉以来历代帝王都很重视儒学，孔子的地位越来越高，孔庙渐渐超越孔氏家族的界域，在全国范围普遍建造，进而成为华夏文明的象征。然而曲阜孔庙始终是全国最重要的孔庙。

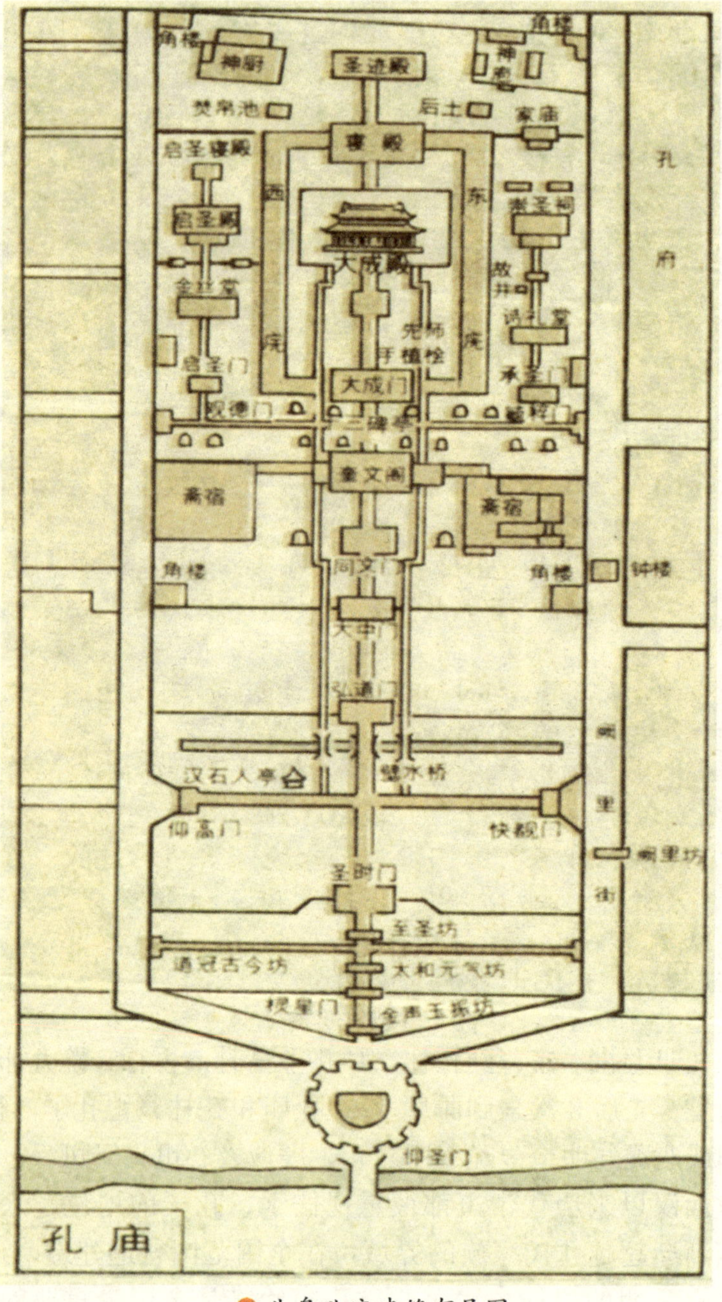
角楼
神厨
圣迹殿
神庖
角楼
焚帛池
后土
家庙
寝殿
启圣寝殿
西
东
庑
庑
孔
府
启圣殿
崇圣祠
大成殿
故井
金丝堂
诗礼堂
先师
手植桧
启圣门
承圣门
大成门
观德门
奎文阁
斋宿
斋宿
同文门
角楼
角楼
钟楼
大中门
弘道门
阙
里
街
汉石人亭
璧水桥
仰高门
快覩门
阙里坊
圣时门
至圣坊
道冠古今坊
太和元气坊
棂星门
金声玉振坊
仰圣门
孔 庙

曲阜孔庙建筑布局图

东汉永兴元年(153),桓帝曾经以朝廷之力扩建曲阜孔庙，在庙中立碑，并委派孔和为守庙官。此后，历代王朝不断将其加以扩建。金明昌二年至六年(1191～1195)再次修建,大体形成今天的格局，占地300多亩。庙内纵长630米，横宽140米，分左、中、右三路。以南北为中轴，共有九进院落，四周围以红墙，配以角楼。现存的主体建筑多为明、清两代遗构。中轴线从南往北有奎文阁、十三碑亭、杏坛、大成殿等。

大成殿是整个建筑群的核心。唐代称文宣王殿，面宽5间。宋天禧五年(1021)孔庙大修时,定于今址并扩建为7间。宋崇宁三年(1104),徽宗赵佶取《孟子》“孔子之谓集大成”的语义，下诏更名为“大成殿”。后代历经修建，现存为清雍正二年(1724)

曲阜孔庙大成殿

重建，重檐歇山，黄瓦覆顶，雕梁画栋，匾额刻雍正帝御书“大成殿”。石雕须弥座高 2 米多，建筑通高 24.8 米，面阔 45.78 米，进深 24.89 米，面积达 1 836 平方米。檐部四周环立 28 根石柱，均以整石雕成。前檐 10 根为高浮雕，每柱两龙盘绕，造型生动优美，为曲阜孔庙独有的石刻瑰宝。

大成殿檐下石柱

大成殿内正中供孔子像，穿着打扮如同古代帝王。两侧为四配，东位是复圣颜回和述圣孔伋，西位是宗圣曾参和亚圣孟轲。再为十二哲，东位是闵损、冉雍、端木赐、仲由、卜商、有若，西位是冉耕、宰予、冉求、言偃、颛孙师、朱熹。四配和十二哲的穿着打扮，如同古代公卿。塑像都置于木制贴金的

曲阜孔庙大成殿内的孔子塑像

神龛内，孔子像单独一龛，四配和十二哲两位合一龛。龛前都有供桌和香案，摆着笾、豆、爵等礼器。殿内还陈列着乐器和舞具，并悬挂 10 块匾额和 3 副对联。门外正中是雍正帝御书的“生民未有”匾，殿内正中是康熙帝御书的“万世师表”匾和光绪帝御书的“斯文在兹”匾，南面是乾隆帝御书的“时中立极”匾，等等。

大成殿殿内

杏坛位于大成殿前的庭院中央，相传为当年孔子讲学的地方。坛旁有一株古桧树，相传为孔子亲手种植。宋天禧二年(1018)，孔子第四十五代孙孔道辅主事，将大成殿往北移动后予

杏坛

以扩大，随后在正殿旧址上设置坛场，周围种植杏树。金代始于坛上建造亭式建筑，重檐歇山顶，四面十字脊。内部藻井精雕细刻，彩绘金龙栩栩如生。坛内现有两块石碑，一块立于金承安三年（1198），由当时最著名的书法家党怀英篆书“杏坛”二字。另一块立于清代，碑上铭刻乾隆帝御书的《杏坛赞》，其中写道：“重来又值灿开时，几树东风簇绛枝，岂是人间凡卉比，文明终古共春熙。”坛前石香炉也是金代遗物，高约1米，雕刻云纹水浪，造型古拙。

十三碑亭习称“御碑亭”，专为保存古代皇帝御制的石碑。13座碑亭内一共存碑55块，包括唐、宋、金、元、明、清以及民国所刻。碑文内容大多是朝廷对孔子追谥加封、祭祀活动以及整修庙宇的记录，文字包括汉文、八思巴文（元代蒙古文）、满文等。道路以北的5座碑亭建于清康熙、雍正、乾隆年间。道路以南的8座碑亭中，4座建于清代，4座建于金、元两代。东起第三座和第六座建于金明昌六年（1195），第四座建于元至元五年（1268），第五座建于元大德六年（1302）。两座金代碑亭具有很高的文物价值，斗拱雄宏，结构严谨，与杏坛同为孔庙现存最早的建筑。

奎文阁在宋代时为藏书楼，二重檐五开间的建筑。“奎”是二十八星宿之一，《孝经》认为“奎主文章”，后人更将奎星说成是“文官之首”。金明昌六年（1195），章宗赞颂孔子是天下文官的领袖，进而将藏书楼改名为“奎文阁”，屋顶增加为三重檐。明弘治十七年（1504）扩建为七开间，保存至今。东西面宽30.1米，南北进深17.62米，通高23.35米。外观为三重檐，内部则为上下两明层，中间一暗层。奎文阁的结构坚固，400多年来，经历了多次地震，巍然不倒。据阁旁石碑记载，清康熙年间发生的一

奎文阁

次大地震，使当地 90%的房屋倒塌，而奎文阁安然无恙。阁上匾额为清乾隆帝御书。

2. 衢州南宗孔庙

浙江衢州孔庙创建于 800 多年前的南宋时期。北宋靖康元年(1126)，金兵攻陷汴京(今河南开封)。次年俘虏徽、钦二帝和宗亲、大臣及百姓数万人北去。康王赵构率领残部逃至江南，定都临安(今浙江杭州)。在此期间，战火燃遍大江南北，中原百姓为避战火大规模南迁。建炎二年(1128)，孔子第四十八世嫡长孙、衍圣公孔端友率族人南渡，定居于衢州。绍兴六年(1136)，朝廷考虑到北还一时无望，遂下诏暂以衢州州学为孔氏家庙，并赐田五顷，以供祭祀所需和赡养族中幼单孤寡。宝祐三年(1255)夏，孔子第五十三世嫡长孙、衍圣公孔洙及衢州知府孙子秀共同上奏朝廷，请求新建孔庙，理宗下诏选址于城东北菱湖芙蓉堤上，其规模和形制皆大致仿效曲阜孔庙，次年春天落成。

德祐二年(1276)蒙古军队进攻衢州，菱湖孔庙毁于兵燹，随后迁到城南，但其规模和形制已与宝祐年间相差很多。元至元十九年(1282)，朝廷认为衢州孔氏南宗为孔圣人之宗子，乃召衍圣公孔洙赴京，令其接受爵位并返回曲阜奉祀祖庙。孔洙以孔氏已有数代祖墓在衢州为由，让位于身在曲阜的族弟孔治。元世祖对此颇为称道，并改任孔洙为国子监祭酒返回衢州，继续江南的香火。从此，衍圣公这一大宗爵位转移给了孔氏家族的另一支。

至正十九年(1359)朱元璋攻克衢州，随即命守将修葺孔氏家庙。明弘治十八年(1505)，衢州知府向孝宗报告称：自从孔洙将爵位让给北宗族人之后，衢州孔庙的制度和礼仪日渐衰落，以至于同流民阶层没有差别。现在访查到孔洙第六世孙孔彦绳德才兼备，请求对其授予官位，以便主持祭祀活动。正德元年(1506)，武宗朱厚照封孔彦绳为翰林院的五经博士，子孙世袭。这样，衢州孔氏大宗在放弃衍圣公爵位224年之后，得到了另一封号。

创建以来，衢州孔庙曾经3次迁徙3次重建，还有过10多次修葺。直到明代中期，在理学昌盛的形势下，朝廷于正德十五年（1520）划拨巨款，选址于先义坊西安县学宫（今新桥街），迁建孔氏南宗家庙。次年落成，并建有孔府，占地十余亩。今

衢州孔庙

天的衢州孔庙即正德年间的建筑遗构，为国家级文物保护单位。当时栽种的银杏树与柏树历经沧桑，至今仍枝繁叶茂。

清代朝廷倚重儒学，衢州孔庙尤为皇帝所亲近。康熙十三年（1674），重建大成殿、廊庑及仪门等，兵部尚书为之撰写碑记。道光年间的衢州两任知府，先后集资对孔庙进行大修，全城上下及5县军民踊跃捐助。此次大修将大成殿加高5尺，部分檐柱改为石质，将思鲁阁从大成殿后移至大成殿西面重建，又将崇圣祠以北的建筑维修一新。同治年间，时任闽浙总督的左宗棠驻扎衢州，捐银700两用于孔庙的修葺，府县两级衙署亦相继资助。

今天的衢州孔庙与孔府两组建筑群东西并列，坐北朝南。在孔庙的中轴线上，前有金声、玉振、棂星、大成四道大门。金声、玉振两门之外，有德侔天地、道冠古今两座牌坊。入内是举行祭祀时载歌载舞的佾台。佾台之北是重檐歇山的大成殿，殿内正中是孔子坐像，两旁是伯鱼及子思立像。梁上悬着十余块匾额，为历代皇帝御书。殿前通道的东西两庑中供奉先祖，东庑有中兴祖像，西庑有孔端友像。金声门的左面是家塾，往里为崇圣祠，祠后是圣泽楼，旧称御节楼。祠前西为报功祠，奉祀过去官绅中有功于南宗者。玉振门右有五支祠、袭封祠、六代公爵祠及思鲁阁等建筑。著名的孔子夫妇楷木像供奉在思鲁阁上，像高不足两尺，孔子长袍大袖，夫人长裙垂地。阁下立有先圣孔子的遗像碑，高2.07米，宽0.85米，相传为孔端友根据唐代画家吴道子的稿本摹刻。

三

京师太学孔庙

与世界其他文明相比，中华文明最显著的特征之一就是教育发达。自帝王将相到贩夫走卒，无不以读书识字为要事。北宋学者汪洙的《神童诗》云："万般皆下品，唯有读书高。" 孔子主要以教育家而名扬天下，但他的事业并非从零开始，而是夏、商、西周长时期教育事业的薪火相传。从公元前21世纪开始，经过三代，中国的早期教育得以形成和发展。贵族阶级为培养自己的子弟，很早就建立了官方学校。《孟子》中记叙夏代的学校称"校",《礼记·明堂位》则称之为"序",名称虽然有待考证，但同样说明夏代学校的真实存在。

1.先秦官学祭祀

根据《周礼》记载，西周官学已有"国学"与"乡学"之分。国学设在王城和诸侯国都，分小学、大学两级。小学在城内宫廷中，大学在南郊；王城的大学称为辟雍，国都的大学称为泮宫。辟雍又分五学：居中称太学，南面曰成均，北面曰上庠，东面曰东序，西面曰瞽宗。乡学则须依照地方等级而定，分别设置"序"、"庠"、"校"等。地方乡学中的优秀生可以升入都城国学。国学教育对象限于王子、公卿大夫之嫡子，以及经过选拔的“国之俊秀”；乡学教育的对象，则无明确限制，孔子“有教无类”的概念当由此而建立。

西周中期，形成了以礼乐为中心、文武兼备的六艺教育。六艺之中，礼、乐、射、御为大艺，主要在大学阶段学习；书、数为小艺，主要在小学阶段学习。礼重在约束外表的行为，乐重在调和内在的情感。射、御是礼、乐的辅助科目。书、数是学习礼、乐的基础。随着六艺教育的加强与发展，教师多由文官担任。与此变化相适应，人学建筑的格局也由行列式演变为四合院式，出现了尊卑有序的教室。辟雍中的“五学”很可能就是不同的课堂。

西周时期记载周恭王在学宫习射的鼎铭文

西周在科技方面的成就很高，但上层社会对此并不在意，认为贵族子弟不必学习这类东西。科技主要通过另一渠道传播，即在各行各业中，父子相传，世代相继，成为“世业”。学校教育与“世业”并行于世，前者满足上层建筑的需要，后者提供经济发展的动力。

春秋时期，周天子的领导地位被大大动摇，贵族阶级向封建地主转化，新兴的士人阶层具有一定的独立性。士掌握着知识和技能，最终导致贵族官学走向衰落。私人自由讲学的风气应运而生，中国古代教育的新局面由此展现。

春秋末年，孔子讲学虽为“私人”的方式，但在很大程度上继承了先前教育的优秀传统。当时在诸侯把持下，“官方之学”已经成为一己之学，甚至有悖于正道。因此，“官学”便不再是“公学”，孔子才开始私人讲学。实际上，孔子所讲的内容才是历代相传的正宗官学，他强调的“述而不作”恰恰与此相适应，他所用的教材并非自己独创，而是选取历代圣贤之学。换言之，孔子讲学是为社会培养拥护正道的人才，目的在于修身、治国、平天下，使国家和百姓受益。

战国时期的诸子讲学，形式上与孔子讲学相似，但是从内容来说，却完全是个人的一套学说，是为了培养自己门户的人才。其最终目的虽然也是平治天下，却或多或少地与门户利益相关，因此具有明显的“私学”性质。诸子讲学之风在齐国的“稷下学宫”登峰造极，持续150年左右。公元前386年，田氏取代姜氏，成为齐国国君。为了聚揽人才为己所用，第三代国君齐桓公在都城临淄的稷门外创建学宫。学宫实行“不任职而论国事”的方针，提倡思想自由，允许各派并存。齐威王即位后，扩建了稷下学宫。齐宣王时期，采取了更加“好士”的政策，吸引四方游士和学者纷至沓来。儒、道、名、法、墨、阴阳、纵横、杂、农家等学派林立，学者之间常常举行热烈的辩论，世称“百家争鸣”。

在稷下学宫担任教职的士人中，尊孔的孟子和荀子最为著名。稷下学宫随着齐国被秦国灭亡而消失，可是秦朝七十员博士官的设置，大体沿用了稷下学宫的制度。秦博士叔孙通就号称“稷下生”，秦朝灭亡以后，他成为汉朝的儒学宗师，并参照周、秦的礼仪制定汉代朝仪。叔孙通深刻了解了汉初的实际情况，因此他制定的朝仪针对性强，使朝廷秩序得以迅速整顿。

孟子像

荀子像

这使寒微出身的刘邦十分喜欢，情不自禁地感叹："吾乃今日知为皇帝之贵也。"

在中国古代官学内，很早就形成了祭祀先圣和先师的惯例。先圣是中国古代有大功于社会的人，相传夏代以前以尧、舜为先圣，夏以禹为先圣，商以成汤为先圣，周以文王为先圣。先师是针对个人的传道授业者。祭祀礼仪分释奠和释菜两种。前者以酒和牺牲为祭品，仪式十分隆重；后者以菜蔬为祭品，仪式较简单。西汉以后，孔子先被尊为先师，后被尊为先圣，因而享受隆重的释奠仪式。

2. 汉至元初太学孔庙

太学是设在都城的全国最高教育机构。在中国古代，"太"、"大"两字相通，太学是全国唯一的大学。西汉早期，诸子之学只在私家传授，没有官办的学校。汉武帝采纳董仲舒的建议，罢黜百家，独尊儒学。元朔五年（公元前124），开始在长安创办太学，"以养天下之士"。最初只设传授儒学的学官，即五经博士，讲解《易》、《书》、《诗》、《礼》、《春秋》等儒学经典，置博士弟子50名。随后太学中科目及人数逐渐增多，元帝时博士弟子达到1 000人，成帝时增至3 000人。王莽时期，为了笼络儒生，在长安城南兴建辟雍、明堂，又为学者建造大量房屋，博士弟子的数目超过万人。

在今西安城西北角的大兴路一带，考古学家发现了汉代辟雍、太学、明堂、灵台等遗址。辟雍遗址在汉长安城安门外直南大道东侧，建筑的形状是外圆内方，周围有水沟环绕。根据形制及方位推测，它是王莽时期的遗构。汉明堂遗址在今任家口村东，与“辟雍”组合成最高等级的礼制建筑。太学遗址中心点在今任家口村与潘家庄之间，面积4.2万余平方米。

汉长安南郊明堂辟雍复原图

东汉建武五年(29)，光武帝刘秀于洛阳城外的洛水之南建造太学，随后建造明堂和辟雍。今在偃师县西佃庄乡太学村发现太学遗址，面积约170平方米。四面围墙各设一门，中心有一边长约45米的方形夯土台基，可能是讲堂的遗存。据史料记载，讲堂建于建武二十七年(51)，“长十丈，广三丈”。其西侧有一处直径约60米的圆形夯土台基，可能是辟雍的遗存。顺帝永建元年(126)，朝廷对太学进行扩建，耗费一年时间，征用工徒

11.2 万人，建成 240 间大房，1 850 间小室。遗址总面积 5 万平方米，夯筑的房基排列有序。其间曾经容纳的太学生最多时达到 3 万人。东汉晚期太学生参与反对宦官专权，于是成为被打击的对象，被逮捕和囚禁的多达 1 000 余人。

东汉洛阳灵台遗迹

创建于东汉的洛阳太学，直到西晋时期，仍旧容纳了 1 万多名太学生。1931 年在洛阳太学遗址中，出土过西晋咸宁四年(278)镌刻的太学辟雍碑。碑以整石凿成，高 3.32 米，宽 1.1 米。碑首饰以蟠龙，碑文隶书 30 行，每行 55 字，记载了晋武帝司马炎及皇太子司马衷亲临辟雍的事迹。

十六国时期，亦曾设立太学及四门学、郡国学、律学，生员皆为公卿大臣的子弟。在政局动荡不安的情况下，学校时存时废。北魏道武帝时期，设立国子太学，后又别立太学。孝文帝、宣武帝时，增设四门小学，形成国子学、太学、四门小学三学并立之制。南北朝后期至隋代，又逐渐形成律学、书学、算学等科目。

隋唐两代定都于长安，在皇城之南的务本坊设立国子监及孔庙。近年经考古勘测，探明坊址东西长 700 余米，南北宽 500 余米。从吕大防《长安城图》可知，务本坊在东、西两侧设门，国子监居西。孔庙居南，自成一个院落，设东、南二门。

唐代国子监中，有国子学、太学、四门学、律学、书学、算学等科目。学生所入学校的级别，与其父、祖的官爵地位有关。据统计，国子学生员 300 人，太学 500 人，四门学 1 300 人，律学 50 人，书学、算学 30 人。高祖武德二年(619)，开始在长安国子监修建孔庙。高宗龙朔二年 (662)，又在洛阳设立国子监，与长安国子监合称“两监”。国子监长官为国子祭酒。唐朝前期，进士及第而享文名者，多为两监生徒出身。那时进士中非两监出身的人，常常深以为耻。

北宋初年仅设国子监，学生名额很少。仁宗庆历四年(1044)，范仲淹推行新政后，始于东京兴办太学，招生 200 人。神宗时扩建太学，学生达 2 400 人。徽宗时兴建辟雍作为外学，太学（包括辟雍）共招生 3 800 人，同时一度废止科举，人才皆由学校选拔，太学呈现出欣欣向荣的景象。南宋绍兴十二年(1142)，朝廷在临安重建太学，至宋末学生达 1 700 多人，培养出大批官员和学者，对后世影响很大。宋代太学成为传播理学和政治角逐的场所。

辟雍旧规

尽管从西汉初年开始，儒学就受到尊崇，但直至西汉末年，孔子在太学中并未得到专门的祭祀。在尧、舜、禹、成汤、周文王等先圣崇拜以外，弟子各以直接传授者为先师，如讲授《礼经》之高堂生、讲授《乐经》之制氏、讲授《诗经》之毛公、讲授《书经》之伏生等。

东汉明帝时，孔子与周公在太学中同享祭祀。其后几位皇帝都曾亲临辟雍，与太学师生共同祭祀孔子，如和帝于永元十四年（102）、顺帝于阳嘉元年（132）及其次年、灵帝于熹平六年（177）亲临辟雍祭祀。汉末太学生数量已经超过3万，当时的祭孔场面一定极为壮观。

曹魏正始七年（246），齐王诏令太常卿代行释奠礼，在辟雍以太牢祭祀孔子，以颜渊配享。晋太始三年（267），武帝诏太学及鲁国，四时都要准备三牲祭祀孔子。从此以后，在太学之内举行释奠礼，渐渐成为一种固定制度。

三国时东吴定都于建业（今南京），设立太学和孔庙，东晋初年得以继续。咸康三年（337），晋成帝听从儒生的请求，在秦淮河南岸（今东水关一带）另选地址重建太学。再后，晋穆帝嫌其

秦淮河夫子庙

距宫城太远，遂于宫内设立太学。太元十年(385)，晋孝武帝再次移建太学于秦淮河北岸，即今大中桥一带，并于其西侧建造夫子庙。南朝宋以后相沿，至梁武帝时，在孔庙内祭祀活动中，增加曾点、曾参、子路等同享祭祀。

北魏初年定都于平城(今山西大同)，在城外设立太学，在城内设立国子学。宣文堂和经武殿相对，都是国子学的组成部分，孝文帝曾亲临宣文堂拜谒孔子。迁都洛阳后，太学和国子学得以重建。太和十三年(489)，太学内有宣尼庙，祭祀时采用春秋前作为标准国礼的轩悬之乐和八佾之舞；牺牲及器具，皆依照最高公卿的标准。每年春、秋二季的仲月，举行释奠礼；每月初一，由国子祭酒率博士以下及学生拜揖孔子、颜渊等。

隋朝依循旧制，以孔子为先圣，以颜渊为先师。唐高祖武德二年(619)，诏令在国子学内设立周公和孔子庙。以周公为先圣，于庙内居中而面南；以孔子为先师，配祀于周公西侧而朝东。太宗贞观二年(628)，听从房玄龄等建言，停止祭祀周公，重新以孔子为先圣，以颜渊为先师。贞观四年(630)，诏令天下所有的州、县学校之内皆须设立孔庙。此后朝廷又对孔子的尊号、孔庙规格、祭祀礼仪、配享人等制定了统一规范，尊孔崇儒的风气达到历史的新高峰。孔庙在全国范围得到极大发展。

五代后周时期，国子监及孔庙在汴京南御道之东。北宋初年，国子监及孔庙得以沿用，后在里城内御道之西建太学，亦有孔庙。宋太祖和太宗二位皇帝，都曾3次亲临国子监孔庙拜谒，哲宗也曾亲临。北宋末年，徽宗诏令孔庙的形制可以等同于皇家的太庙，使之与府学相结合，雄伟壮观，可与宫城相媲美。崇宁元年(1102)，又建辟雍于城南。高宗南迁后，于临安(今浙江杭州)城北的御街之西建造太学。在太学西面建造孔庙，前为棂星门，后为正殿。高宗御书匾额“大成之殿”，悬挂于正殿之上，并且亲临举行释奠礼仪。自此以后，孔庙正殿被称为“大成殿”。

辽神册三年(918),为了推广汉族文化,在上京(今内蒙古巴林左旗南)皇宫的西南,将孔子庙、佛寺以及道观一并建造。又在南京(今北京市区西南)建造孔庙,国子监在其南。

金灭辽后,熙宗于皇统元年(1141)在燕京(今北京)亲自祭拜孔子庙。海陵王迁都燕京,将先前汴京学宫的九经刻石移置燕京的国子学。章宗于承安二年(1197)亲临孔庙举行释奠礼仪。两年后,诏建太学和辟雍于城南,并且效仿汉代皇帝,于辟雍内祭祀孔子。

蒙古太宗七年(1235),筑国都和林城,第二年将孔子庙与司天台一并建造。中统元年(1260),忽必烈于开平府城即帝位后,将府城升为都城。至元六年(1269),诏令留守臣于都城东南建造孔子庙。其遗址至今尚存,围墙南北长约 150 米,东西宽约 100 米。国子学遗址在其西,呈东庙西学格局。

3. 元、明、清国子监孔庙

1215 年,蒙古军队进攻金中都时,城内孔庙被毁。宣抚使王檝随军入城,在旧枢密院之地建立孔庙,并取周代石鼓陈列于庑下。忽必烈即位之初,暂以其为京都孔庙。至元四年(1267),朝廷在金中都东北另筑新城,九年(1272)改称元大都。大德六年(1302),成宗诏示“建文宣王庙于京师”,十年(1306)竣工。其形制参照当时的曲阜孔庙予以简化,仅仅取其前半部分,布置了两进院落。大成殿面阔 7 间,规模上超过了以往各代孔庙。后将周代石鼓移入大成门内,相沿至今。朝廷又于孔庙竣工的当年,在其西侧建造国子监,形成左庙

北京国子监内辟雍

国子监牌楼

北京孔庙

萬世

右学、各自独立的格局，不同于宋以前庙、学合于一个院落的传统做法。

这就是今天的北京孔庙，位于安定门内国子监街，占地约2万平方米，距今已有700多年的历史。在全国现存的众多孔庙中，北京孔庙的级别最高，因为它是元、明、清三代皇家御用的场所，其中大成殿的规模差不多可与故宫太和殿媲美，孔子地位等同于帝王的九五之尊。院内立有14座明、清两代碑亭等文物，还有198座元、明、清三代遗留的进士题名碑。乾隆皇帝曾8次亲临北京孔庙祭祀拜谒，还特许此处屋顶可以使用等级最高的黄色琉璃瓦。

国子监在孔庙的西面，中轴线上有大门（集贤门）、二门（太学门）、琉璃牌坊、辟雍、彝伦堂、敬一亭等建筑。四厅六堂是监生的教室，位于东、西两侧。院内存有钟、鼓、日晷等古代计时的工具。琉璃牌坊十分壮观，其正反两面都有乾隆御书的匾额。气势雄伟的辟雍居于院落中心，皇帝有时会亲临此地讲课。辟雍四面开门，周围环水。一层层汉白玉护栏，烘托出主体建筑的氛围。

明代初年定都南京，先将元代的集庆路学（今夫子庙址）改为国子学及孔庙，后于皇城西北的鸡笼山南新建太学，又于太学之东建孔庙，明太祖朱元璋曾亲临孔庙举行释奠礼仪。明成祖迁都北京后，元朝的国子监及孔庙得以沿用。弘治九年（1496），将释奠乐舞的人数增为72人，如同天子乐舞的制度。弘治十四年（1501），整修孔庙围墙，增建棂星门前照壁，对孔子的尊崇也随之臻于极盛。嘉靖九年（1530），将孔子的封号改为“至圣先师”，将大成殿改为“先师殿”。此时朝廷实行了一个重大的举措，就是拆毁孔子及其弟子的塑像，改奉木质的牌位（木主）。朝廷认为依据想象，将圣人塑造成各种具体的形象，实际上是一种亵渎。因此强调“圣贤在我心中”，以便更加体现出对圣贤的尊重。

清代前期，明朝的国子监及孔庙依旧沿用，自顺治至康熙、雍正、乾隆四代皇帝皆曾亲临其地举行释奠礼仪。乾隆年间恢复“大成殿”、“大成门”的名称，更将其屋顶瓦件换成黄色琉璃。直到清末的光绪三十二年(1906)，再次提升祭祀孔子的典礼等级，随即开始大成殿等扩建工程。

民国建立后，北京孔庙的扩建工程继续，1916年竣工。大成殿终于成为等级最高的建筑，面阔9间，重檐庑殿。

今天的北京孔庙有四进院落，主体建筑从南往北依次为先师门、大成门、大成殿、崇圣祠。前院东面有碑亭、神厨、省牲亭、井亭；西面有碑亭、致斋所，并有持敬门与国子监相通。大成门内陈设着乾隆年间仿制的10枚石鼓和2座内容与石鼓有关的清代石碑。大成殿的两侧有东、西廊庑。北京孔庙和国子监的建筑大体保存完好，皆为全国重点文物保护单位。孔庙和国子监内分别安放着一座石雕和一座铜塑的孔子像。石像雕刻于20世纪80年代，铜像于20世纪90年代由香港孔教协会捐赠。

北京孔庙大成门前夫子像

四

地方官学孔庙

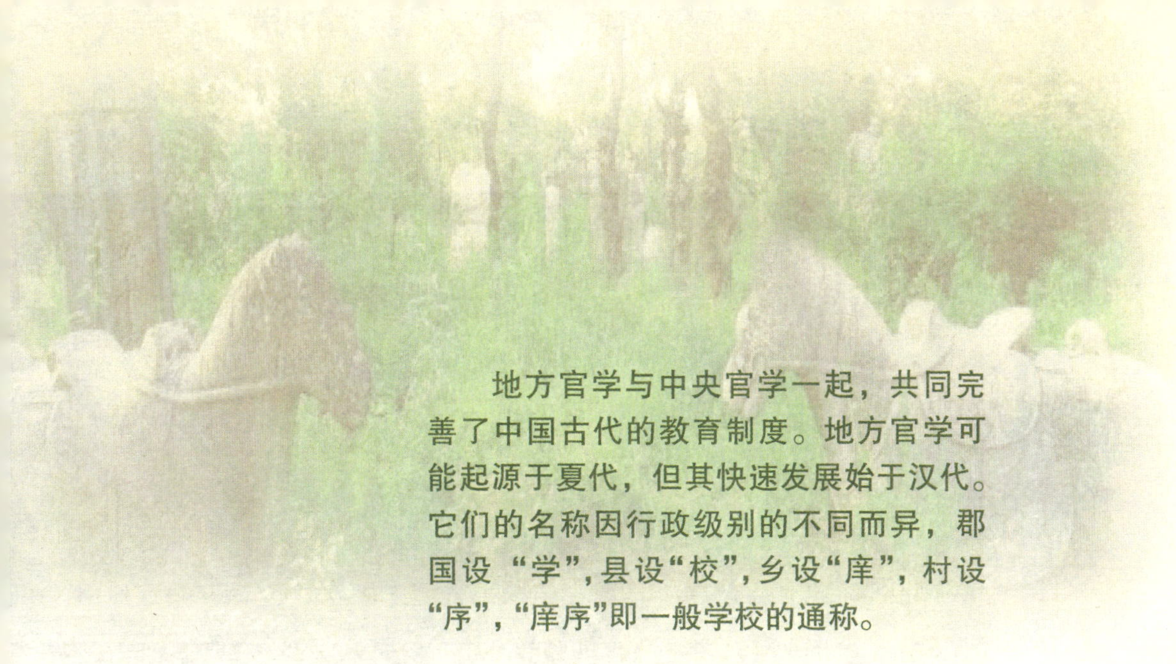

地方官学与中央官学一起，共同完善了中国古代的教育制度。地方官学可能起源于夏代，但其快速发展始于汉代。它们的名称因行政级别的不同而异，郡国设“学”，县设“校”，乡设“庠”，村设“序”，“庠序”即一般学校的通称。

西汉景帝时，文翁担任蜀郡太守（治所在今成都），在城西南创建学校（文学精舍）。久而久之，民众皆以好学为荣，地方风气大大改善。汉武帝见其在教化方面行之有效，诏令全国各地政府都要设立学校。然而在西汉时期的学校里，学生只是拜祭周公，而未及孔子。直到东汉明帝永平二年（59），孔子才和周公一起，在中央和地方学校内受到拜祭。

孔庙在孔子故地曲阜之外的独立设置，大约始于东汉末年。在早期地方孔庙的建设者中间，孔子后裔可能发挥了较大作用。据《水经注·阴沟水》记载，汉桓帝时，孔畴曾经在老子故里（今河南鹿邑）的老子庙

孔子像

孔子问礼老子

旁，建造过一座孔庙。此处孔庙居于老子庙一侧且面朝西，表现出较低的姿态，原因可能在于当年孔子曾问学于老子。

两晋时期，朝廷的大权旁落，地方学校主要由镇守各地的军事长官开办。如征西将军庾亮在武昌兴学，规定参佐大将的子弟全部入学，并批准属下临川、临贺两郡修复学校的请求。南北朝时期，朝廷曾分遣祭酒、博士等学官到州、郡去设立学

校。根据史料记载，交州、荆州等重要的地区都曾经兴学。

河内郡野王县(今河南沁阳)孔庙，约始建于东汉。据《水经注》的作者郦道元所见，邘水从孔庙的东面往东南流去。在孔庙庭院中的石碑上，记载了一个故事。传说当年孔子周游列国到处碰壁，打算往北投奔在晋国执政的赵简子，行至此地河边，听说晋国大夫鸣犊刚刚被赵简子所杀，惶恐中赶紧掉转车头逃走。后代晋人有感于此，遂于其地建造孔庙。郦道元不太相信这个故事，经过考证，他认为这座孔庙应该是孔子后裔在当地为官时所建。魏太和元年(477)，有人上奏朝廷请求修护此孔庙。这人名叫孔灵度，似乎还是孔子后裔。

南朝梁元帝先前任荆州刺史，曾兴办州学，并修建孔庙。隋代国家重归统一，各级学校陆续设置，但因立国时间较短，学校建立以后，来不及开展实际上的教学活动。

唐代前期，教育事业空前发展，特别是贞观、开元年间官学极为兴盛。贞观元年(627)太宗下诏，命令全国所有学校都要设立纪念周公和孔子的祠庙，同时追赠孔子司寇称号。此后鲁司寇庙逐渐遍及全国，庙、学结合的布局逐渐推广开来。开元年间，朝廷颁行释奠礼仪，对祭祀时间、祭祀前的斋戒、主祭人、参祭人、庙内陈设及祭拜仪式等都加以明确规定，从而使孔庙建筑形制趋于规范。大历二年(767)，扶风县(今陕西扶风)将原有孔庙予以扩建，程浩撰写《扶风夫子庙记》，颜真卿书丹刻石。在这块珍贵的石碑中，详细地记述了扶风孔庙的建筑布局、先师及十哲等塑像位置，以及关于祭祀活动的各项安排。元和十三年(818)，处州(今浙江丽水)新建孔庙，并为孔子及十哲塑像。竣工之日，韩愈为之撰写碑文，对于孔子一生的功绩予以盛赞。碑文大意是：句龙的功劳在于平整土地，后稷的功劳在于播种百谷。从物质生产的角度看，二者贡献很大。但要维持人类社会的和平与稳定，则孔子的道德人格更加重要。从孔子思想对古代乃至当代世界的影响看，韩愈的这一观点极为深刻。

山西闻喜县文庙，重建于北宋至和二年(1055)。司马光撰写《闻喜县修文宣王庙记》，其中对于孔子思想的历史作用，有着与韩愈同样深刻的认识。

北宋庆历四年(1044)，诏令设立各级官学，在学生的数量上，对县学提出要求。崇宁元年(1102)撤销限制，全部州县一律设置学校。南宋时，学校设到偏远地区。如明州的属县昌国（今浙江定海），位于海岛之上，依然设立庙学，且得到很好的维护。宋代以后，凡县以上行政所在地普遍建立文庙。学子们为实现读书做官的愿望，虔诚地奉祀孔圣人。孔庙分布越来越广，形制逐渐趋于完善，其中有些屡经修缮，存留至今，成为胜迹。

宋代建康府学之图

辽代在黄龙、兴中二府所在地设有府学。圣宗统和二十九年（1011）新置归、宁二州，第二年即设州学。此外，又在各县学内设博士、助教等学官。金代大定十六年（1176），诏令设置地方府学共17处，学生多达1 000人。其后又增加州学。

元朝诏令在路、府、州、县四级治所均设相应学校，但事实上并未普遍设立。路学创设于世祖至元九年（1272），设有教授、学正、学录等学官，府学及上州、中州学各设教授，下州学设学正，县学设教谕。教授受命于朝廷，其他学官受命于礼部、各行省或宣慰司。孔庙向北迅速拓展，在今内蒙古境内残存的不少古代城址中，都曾发现过孔庙遗迹。各地孔庙在建筑规模和建筑风格上有所差异，但在建筑布局、建筑名称、设置顺序及使用功能上，则有着相对统一的模式。

明朝初年，既在全国各府、州、县的行政治所设立学校，又在边防卫所内设卫学，在乡村设社学。还在各地设置都司儒学、宣慰司儒学等专门管理机构。儒学最盛时，全国学校合计有 1 700 余所。

明代县学图

明代以前，全国孔庙内都供奉孔子塑像，但因雕塑水准的差异，有些塑像无法恰当地表现孔子的庄严神态。嘉靖九年(1530)，朝廷就以此为由，下令以后新建的孔庙，都不再雕塑孔子像，而以木质牌位取代。从此以后，各地孔庙都遵从这项规定。

清代地方官学基本上沿袭着明代制度，依行政区划设置府学、州学、县学，乡间也有社学。各地设置专职管理的学官，如顺治初年在各省设置提学道，在直隶、江南两地各设置提学御史。康熙年间在各省改设提督学政，管理本省学务。在府一级设教授，在州一级设学正，在县一级设教谕。随着儒学的进一步发展，清代孔庙甚至传播到极边远的地区。如雍正年间建立归化（今内蒙古呼和浩特）孔庙、吉林（今吉林）孔庙，乾隆年间建立迪化（今新疆乌鲁木齐）孔庙等。

明代，各地孔庙的规模普遍扩大，除正殿、正门、两庑及棂星门外，常常增加泮池、照壁、牌坊及附属建筑。嘉靖以后，加建崇圣殿、敬一亭等。庙、学合一的格局，或呈左、中、右三路，如凉州庙学，中为大成殿及尊经阁，左为学舍，右为文昌宫。或呈东庙西学两路，如苏州庙学，自北宋创建时，即将孔庙置于东，学堂置于西，泮池置于前，斋室置于两侧。或呈西庙东学两路，如清同治年间所建江宁庙学：孔庙在西，依山就势，南北顺序为照壁、泮池、牌坊、棂星门、大成门、大成殿、崇圣殿、敬一亭等；府学在东，有明伦堂、尊经阁、先贤祠等。或呈一路纵向排列，如位于城中央的固原庙学，其大殿面阔 7 间，“殿后起明伦堂五间，东西斋各六间。堂后作师斋四所，斋后作生徒舍四十间”。

官方孔庙以外，各地另有私立书院孔庙和民间孔庙的建设。书院讲学的风气，盛行于宋、元两代，明代因东林书院师生“讽议朝政”而遭到权臣的重大打击。清代书院再次发展，全国多达 1 900 所，形成独立于官学之外的另一种教育体系。书院孔庙不像位于城市之中的府学、州学、县学孔庙那样整齐划一，而大多栖隐于山水林园之中，依据形势自由布局，或规模宏大，或仅辟一堂。宋代四大书院，通常被称为中国古代四大书院。它们分别是庐山白鹿洞书院、长沙岳麓书院、登封嵩阳书院、商丘睢阳书院。也有人将白鹿洞书院、岳麓书院、睢阳书院和衡阳石鼓书院称为四大书院。书院之内，皆有祭祀孔子的设施，或专门设置一堂，或特地开辟一区。

一个独特的文庙实例，在山西平遥县城东 3 千米处的金庄村。就全国而言，文庙设于一个普通的村庄内，实属罕见。这里有一个传说，元代曾经有 10 余名秀才居住于此，为了参加科举考试而发奋读书，后来他们中的多数人金榜题名，故在此地创建文庙，以表达对先师的感激之情。金庄文庙始建于元延祐二年（1315），后曾因水淹而受损坏，明万历年间（1573～1620）重建，清嘉庆与民国年间修葺。其建筑规模与当地普通民居相近，前后两进院，堂舍 6 座，占地近 1 000 平方米。主要殿堂有状元桥、明伦堂、大成殿。大成殿内保存的孔子及四配、十哲共 15 尊彩绘塑像，相传是元明时期遗留的作品，因其罕见而显得珍贵。孔子像的造型十分奇特，端坐于大龛之内，头戴衮冕，身着袍服，手捧镇圭，面容黝黑而威武。四配位于两侧，复圣颜回、宗圣曾参、述圣孔伋、亚圣孟轲皆着袍服，手执镇圭，神情安详而肃穆。十哲分坐于山墙下，左为闵损、冉雍、端木赐、仲由、卜商，右为冉耕、宰予、冉求、言偃、颛孙师。金庄文庙现已被列为全国重点文物保护单位。

1. 苏州文庙

在江苏省苏州人民路 45 号，全国重点文物保护单位。北宋景祐二年（1035），范仲淹依五代吴越钱氏南园的旧址而立，初称州学。据史料记载，当时的格局是将官学与孔庙合为一体，大成殿在东，学校在西，泮池居前，斋室傍侧，主要建筑皆坐北朝南。这种东庙西学的新格局，后为各地庙、学所模仿。南宋建炎四年（1130），苏州文庙在兵燹中被焚毁。绍兴十一年（1141），平江知府重建。此后至清同治七年（1868），重修或拓建工程多达30余次。清代占地面积约10万平方米，有江南学府之冠的美誉。

清末废除科举，兴办新学，苏州文庙因年久失修而破败。1949年以后，随着邻近城区的建设，用地范围一再缩小，部分建筑也被拆除。1960年以后，苏州文庙整体被占用，殿堂改为厂房、课堂、宿舍、仓库等。1966年以后遭到更严重的破坏，院落面目全非，建筑濒临倒塌。1978年开始整修大成殿、棂星门、戟门等。1985年大成殿先行开放。西部明伦堂和北部崇圣祠，1989年开始接待观众。

苏州文庙大成殿

苏州文庙棂星门

苏州文庙目前的用地为 1.78 万平方米，仅占极盛时的 1/6 左右。平面仍为东庙西学两条轴线并列，东庙有棂星门、戟门、大成殿、崇圣祠等，西学有泮池、七星池、明伦堂等。

北宋时，大成殿一度称宣圣殿。殿内石柱础可能为北宋遗构，价值很高。南宋绍兴、元大德、明宣德年间几次重建，现存建筑为明成化十年（1474）遗构，保存有不少明代部件。重檐庑殿顶，面阔 7 间 30 米，进深 13 檩 21 米，结构严谨，用料粗壮，风格古朴庄重。

棂星门原为文庙第二道门，青石雕刻，面阔 25.5 米，呈六柱冲天牌楼状。建筑为明成化十年（1474）遗构，但其整体曾于 1980 年北移 300 余米，立于戟门之内。戟门原为文庙第三道门，又称大成门，明成化十年（1474）建，清同治年间重修。硬山顶，面阔 5 间 25.5 米，进深 7 檩 12.5 米。崇圣祠原称启圣祠，其内祭祀孔子祖先，始建于明代，清同治三年（1864）重建。单檐歇山，面阔 5 间 20 米，进深 15 米，前设两庑，自成独立的院落。

泮池和七星池均为明代遗构，四周以青石驳岸。泮池上架设三孔青石拱桥，七星池上架设七孔青砖拱桥。明伦堂为府学的主体建筑，明洪武六年(1373)始建，正统二年(1437)重建，清道光、同治年间再建。硬山顶，面阔 7 间 30 米，进深 18.7 米。

苏州文庙以“学有教法”和“庙学合一”的创新做法，开启各州各县庙学形制之先河，在中国历史上影响很大。庙内碑刻甚多，其中宋刻《平江图》、《天文图》、《地理图》、《帝王绍运图》四碑皆被列为全国重点保护文物。

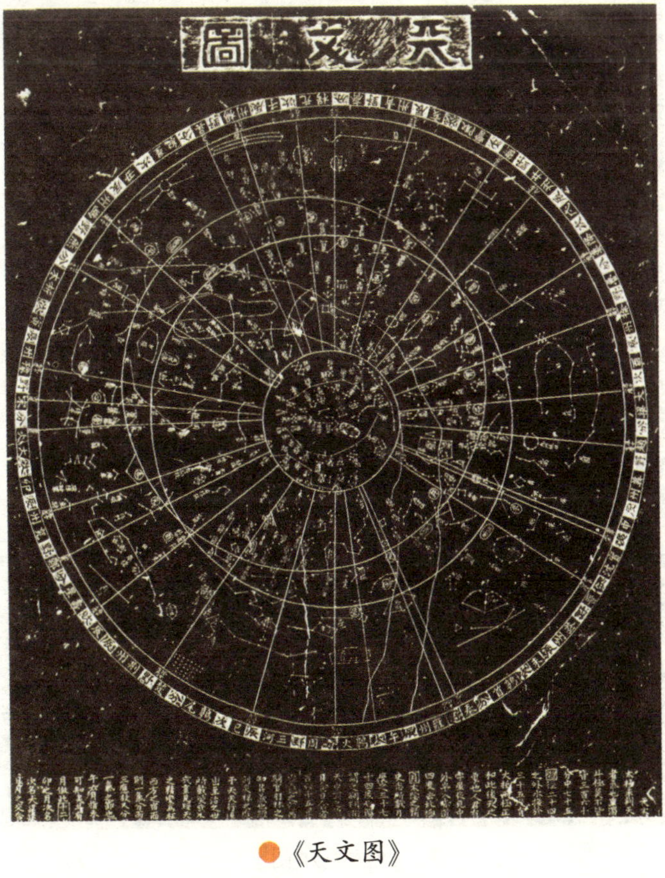

《天文图》

宋刻《平江图》

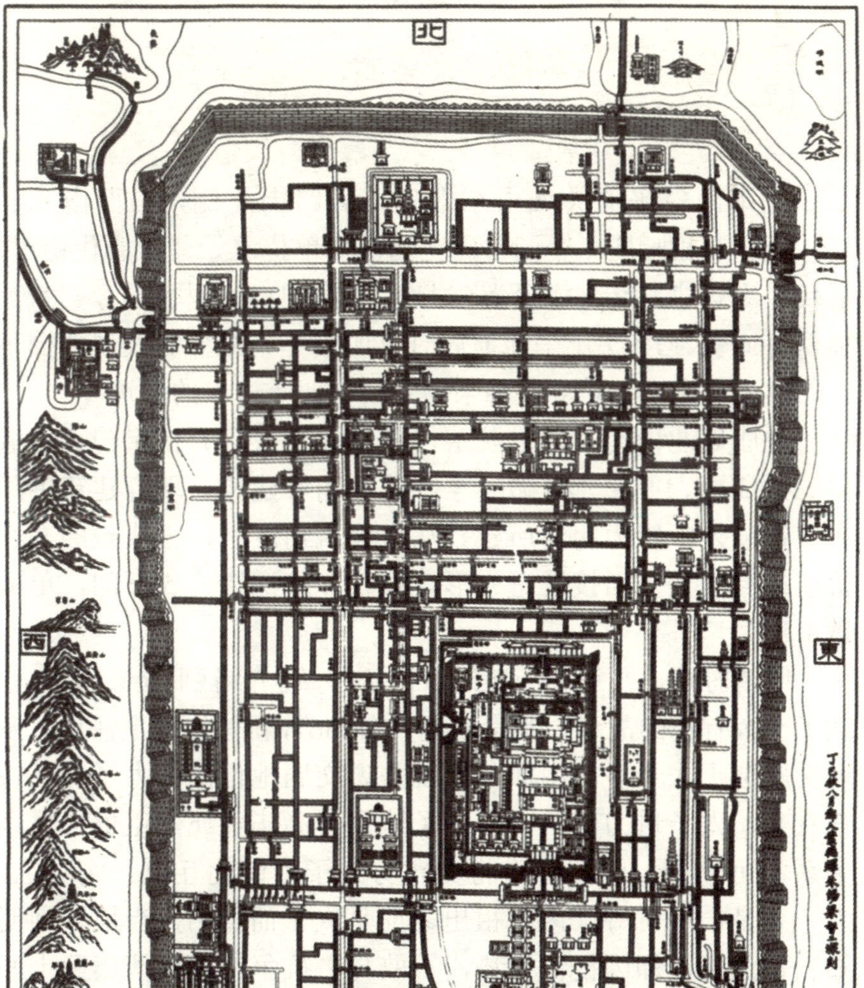

《平江图》

2. 平遥文庙

在山西省平遥县城内东南隅，云路街北侧，与西南武庙（关帝庙）遥相呼应。全国重点文物保护单位。始建于唐代初年，后代多次修建。其大成殿为金大定三年（1163）遗构，至今建筑大体保持原貌。1957 年平遥地震时有所损坏，维修时发现脊檩下有“维大金大定三年岁次癸未四月日辛酉重建”的墨迹。

文庙坐北向南，四进院落，中轴线上排列有棂星门、大成门、大成殿、明伦堂、敬一亭、藏经阁等建筑。现存建筑中除大成殿以外，皆为明清所建。从古建筑角度看，大成殿的文物价值最高。其平面接近正方形，面阔和进深皆为 5 开间，单檐歇山顶。

明清时期，平遥文庙曾经 3 次迁移。清光绪《平遥县志》中记载了一个有趣的故事：明崇祯九年（1636），新任知县上任后，发现文庙位于太子寺的南面，也就是说文庙地位高于太子寺。在他看来，太子贵为储君，而孔子地位再高毕竟属于臣僚，君臣关系不可颠倒。随即强令将文庙与太子寺南北互换。实际上，太子寺是一所佛寺，因佛祖出家前是太子而得名。当地士绅明知长官荒唐，却因畏惧权势，不敢与之抗争。直到清康熙十四年（1675）又一任知县上任，了解实际情况后，才将文庙又回归到南面。

可是据更早的地方志记载，明嘉靖八年（1529）以前，文庙现在的地址本为佛寺，而其北面的太子寺才是文庙。金大定三年（1163）重建的大成殿，先前是佛寺内的大雄宝殿。明崇祯九年（1636）的举动，实际上是将文庙与太子寺恢复到嘉靖八年（1529）以前的位置。清康熙十四年（1675）将文庙移置于佛寺之

平遥文庙

南，可能是当时儒、释二教地位互为消长的反映。

平遥县学历来与文庙合为一体，直至清末废除科举后，改办平遥县实业学校。1923 年，商贾捐资在文庙开办平遥励志中学。1950 年，太岳中学并入平遥中学，以文庙为校址，扩建工程中拆除了县学和棂星门。20 世纪中期，又拆除了超山书院、敬一亭、尊经阁等。1997 年平遥古城被列为世界文化遗产。2003 年，平遥中学迁至东城外，平遥文庙得以部分复原并对外开放，成为古城内主要的人文旅游景点。

平遥文庙

3. 韩城文庙

在陕西韩城市的老县城，用地几乎占去老县城的一半，足见其在当地社会中的重要性。文庙与县学合为一体，是全国级重点文物保护单位。韩城文庙的布局规范，建筑严谨，风格凝重。文庙为韩城增添光彩，当地民众颇以为自豪，他们常常说：中国东有山东曲阜，西有陕西韩城。

韩城文庙和县学的始建年代不详，但不晚于元代。据地方志记载，明洪武四年(1371)在旧址重建。后虽经多次重修，但庙、学布局和主要建筑之结构基本未变，为陕西现存元、明古建筑中较有代表性的实例。占地总面积为 14 000 平方米，建筑

韩城文庙大门

总面积为 8 100 平方米，单体建筑 22 座，其中主体有棂星门、戟门、大成殿、明伦堂、尊经阁等。门外东、西各有一牌坊，坊上匾额分别书写“德配天地”、“道冠古今”。进门以后，南为明万历年间建造的琉璃五龙壁，长 17 米，高 4.2 米，精美壮观。五龙壁的两旁，有砖雕的鲤鱼戏浪图案，合起来呈“龙鱼河图”，有读书人登进之意。

建筑群共分 4 个院落。在中轴线上，从棂星门至戟门为第一院落，院内可见元、清时期栽植的参天古柏。院中泮池上架设双孔石桥，池周围以石栏。院东侧为更衣亭，西侧为致斋所，另有明、清两代建造的碑亭 6 座。院北为乾门。由戟门至大成殿为第二院落。大成殿为主体建筑，规模最为宏伟。面阔明为 3 间，暗为 5 间，进深 4 间，筒瓦歇山顶。殿基为石砌高台，绕以石栏，雕刻蟠龙纹饰。大成殿与北面明伦堂之间是第三院

韩城文庙尊经阁

落。明伦堂是明洪武四年（1371）重建时的遗构，为建筑群体中现存最古老的单体之一，正中悬挂“师道尊严”大匾额。其东、西有碑林、掌酒司、典库司等建筑。通过明伦堂往北，高台上为重檐歇山顶的尊经阁，这是第四院落。台高 3.5 米，东西两侧配以厢房。登高阁四望，韩城老县城景物尽入眼帘。

4. 安溪文庙

位于福建安溪县城东南，全国重点文物保护单位。素有“安溪文庙冠八闽”、“秀甲东南”之誉。文庙的前身为县学，俗称“孔子学”，始建于北宋咸平四年（1001）。绍圣年间（1094～

1098)，张读主持重修并作《建学颂》。南宋咸淳元年(1265)，重修大成殿及两庑。元至正十四年(1354)，毁于战乱火灾。明洪武十年(1377)重建。嘉靖三十九年(1560)毁于入侵倭寇。万历三十九年(1611)，重修大成殿及东、西廊庑。清初又毁于兵乱。康熙二十五年(1686)，大学士李光地等主持重建。此后，乾隆、咸丰、光绪年间多次重修。自宋咸平至清光绪历时近900年，经过30多次重建和增扩。参考曲阜孔庙的形制，经过当地名工巧匠的悉心打造，安溪文庙的建筑宏丽，结构严整。其大门对着笔架山，更符合古时风水形胜方面的要求。

安溪文庙整体呈长方形，南北长164米，东西宽36.5米，绕以围墙，总建筑面积达9 000多平方米。坐北朝南，五进庭院，殿堂皆用闽南特产的砖石砌成，具有很强的地方风格。中轴线上自南而北依次布置泮池、照壁、棂星门、戟门、拜庭、丹墀、大成殿、两庑、崇圣祠等。崇圣祠东侧院落中是训导廨和教谕廨，廨前为明伦堂。大成殿是主体建筑，平面呈方形，面宽、进深各3间，重檐歇山顶，四周围廊。大殿内3间天花都采用如意斗拱，构造中莲花繁复，形成八边穹隆形藻井，当地人颇为其精美而自豪，俗称“蜘蛛结网”。

建筑中的木雕、石雕及泥塑等工艺十分细腻，到处可见画栋雕梁。装饰题材以龙、凤为主体，衬托以人物、鸟兽、花卉。柱头龙、凤皆作飞舞状，弯枋狮座栩栩如生。棂星门的莲花窗，亦为闽南的独特风格。石雕艺术之精湛，更令人叹服。廊间8根石柱各高丈余，蟠龙怒目卷须，为当地石雕艺术的典范。柱础的形式也各不同，有花篮式、果瓣式等。屋顶大脊上装饰游龙，亦匠心独具。安溪文庙的建筑形制及其造型艺术，曾对周边地区如永春、同安、仙游、闽清、建瓯以及广东揭阳等地影响很大，甚至随着海洋航行远播日本。

5. 建水文庙

在云南省建水县城西北，全国重点文物保护单位。始建于元至元二十二年(1285)，历代增修扩建，现占地114亩。建筑颇有云南地方色彩，但总体仿照曲阜孔庙布局，采用中轴线对称式，规模宏大。棂星门内有大成门、东西庑、大成殿、崇圣祠、明伦堂、尊经阁等建筑。殿堂琉璃瓦屋顶，光彩夺目。周围古柏森森，显得庄严肃穆，雄伟壮观。

进入文庙大门，迎面是一方面积达20多亩的大池，名为“学海”，水中碧波荡漾，岸边垂柳依依。池中有思乐亭，亭的左右为礼门和义路。主体建筑大成殿，为明弘治年间遗构。全部屋架由28根立柱支撑，前檐12根为石质，每柱高5米，用整块大青石雕成，重约5吨。大门左右2根檐柱上巨龙盘绕，壮丽非凡。正面的22扇屏门上，精工雕刻飞禽走兽，形

建水文庙

建水文庙

态各异，生动活泼。殿前悬挂“先师庙”三个鎏金大字，每字长1米，宽1.5米，笔力遒劲雄浑，气势不凡。殿前有高大的铜香炉一座，其上铸有大大小小的多条游龙，生动传神。庭院中古柏下有石象一对，背上驮着5尺高的青铜花瓶。一株两人合抱的苍天古木，枝繁叶茂，仔细辨认，才看得出实际上是两树共生体，一株是万年青，一株是柏树。万年青紧紧把柏树包缠起来，已完全连理同根，共生共长，合二为一了，民间戏称之为“万将军搂抱白小姐”。相传此树种于元代，树龄已有六七百年。

6. 资中文庙

在四川资中县城状元街，始建于北宋雍熙年间(984～987)，全国重点文物保护单位。原在县城大东街，清道光九年(1829)，虑及所在地低湿喧闹，州牧将其整体迁至今址。道光十五年（1835）竣工。坐北朝南，占地 6 700 多平方米，建筑面积 2 600 平方米。布局为多进院落式，轴线对称，主次分明。现存完整的建筑有：万仞宫墙、月池、华表、照壁、礼门、义路、棂星门、乡贤祠、名宦祠、大成门、东庑、西庑、大成殿、崇圣祠、钟楼、鼓楼以及明成化碑、清康熙碑等。大成殿等主要建筑均以琉璃瓦覆盖，正脊装饰宝鼎、蟠龙等，造型飘逸而气势庄严。照壁最具资中地方特色，壁间七孔雕塑表现云海波涛、坊塔花树、鱼跃龙门等。寓意古代学子只有努力进取，才能达到人生的光辉顶点。

资中文庙内有著名的神州三绝，近年吸引了大量游客来此参观。第一绝是孔子立像。全国各地文庙中的孔子像，大多取端坐姿势。资中文庙的孔子像，却是彬彬有礼地站立。传说北宋创建文庙之前，本地一户民宅里保存着一尊孔子立像。考虑到资中是孔子老师苌弘的故里，站立姿势正好体现了孔子自己提倡的尊师重教思想，因而将其供入庙内。据史料记载，此像是三国时期的雕刻作品。明嘉靖九年（1530），朝廷为了所谓的“正名分”，诏令全国孔庙“去塑像，设木主，罢封爵”。此举连曲阜孔庙都不能幸免，资中文庙的夫子立像也被木主取代。清雍正七年（1729），诏令全国孔庙重新塑造孔子像，资中文庙没有立即执行。直到道光九年（1829），资中文庙由大东街迁到今址，才雕刻了一尊石像，但为坐姿。此像后来又被毁，近年重修文庙时，经过多方慎重的论证，将孔子像恢复为立姿。

资中文庙的第二绝是孔子“木主”，亦即牌位，其尺度之大和制作之精，在全国文庙中堪称罕见。这块牌位制作于嘉靖九年（1530），通高八尺八寸六分，宽四尺二寸，厚七寸五分。远远超出了当时朝廷的规定尺度：高二尺三寸七分，厚七分，阔四寸。曲阜也存有嘉靖九年制作的孔子牌位，其高、宽、厚与规定的尺寸完全相同。资中历史上文风很盛，曾经出过 2 名状元和 200 多名进士，或许就是以此表达对于先师的特殊敬意吧。

资中文庙的第三绝，是保存完好的众多匾额，在全国文庙中亦称罕见。在大成殿内，存有清代 8 位皇帝的御笔。中央最高处是康熙二十三年（1684）的“万世师表”，其次是雍正三年（1725）的“生民未有”，再次是乾隆三年（1738）的“与天地参”；横额上是嘉庆七年（1802）的“圣集大成”，然后依次为道光皇帝的“圣协时中”，咸丰皇帝的“德齐帱载”，同治皇帝的“圣神天纵”，光绪皇帝的“斯文在兹”。

7. 富顺文庙

在四川富顺县城偏南，全国重点文物保护单位。此地自古因盛产井盐而富甲一方，北周武帝天和二年（567）建县。然而直到北宋初年，仍旧因文风未开而处于落后状态。景祐三年（1036），朝廷派博士周延俊来富顺兴办学校。庆历二年（1042），富顺县人李冕成了当地第一个进士。庆历四年（1044），在周延俊的倡导下，人们集资建成文宣王庙，并在庙内竖立雁塔碑，铭刻全县历年科举中试者的名字。此后历任富顺知县，均热心教育事业，常在从政之余，来到文庙为学生讲课。在雁塔刻名的富顺籍宋代进士多达 67 人。元代文庙改称先圣庙，并多次修建。至大四年（1311），建造戟门，安置礼器，并修葺大成殿。至治年间（1321～1323），增建御碑亭。

明朝初年，诏令改先圣庙为先师庙。洪武六年（1373），各处整修以后，增筑泮池。以后又经修建，永乐年间再称文庙。随着富顺文风又趋鼎盛，中举者逐年增多，中进士者则多达 139 人，声名远扬，获得“富顺才子甲西蜀”的美誉。

明代末年，蜀中大乱，富顺文庙受到很大破坏。清康熙二十年(1681)，平定三藩之乱以后，历任知县对文庙进行过多次修葺。但终属小修小补，到了道光中期，建筑日显破败，其状貌与以才子闻名的富顺颇不相称。清代建立100多年来，富顺儒生中仅出了11名进士，文风衰落到如此地步，民间认为是对孔圣人不敬的缘故。

在此情况下，道光十六年 (1836)，知县邓任坤决定重建文庙，并与当时富顺县第一大财主肖永升商议。后者当即表示愿意尽力，遂独自承担重建文庙之全部费用。施工之初先雇用工匠，将文庙中的破败建筑全部拆除。此时恰逢富顺籍进士张震担任曲阜县令，遂专门送回曲阜孔庙的建筑图样，用作重建富顺文庙的参考资料。道光二十年(1840)，面貌一新的富顺文庙终于建成。总体占地10余亩，建筑面积3 000多平方米。墙垣之内，殿堂高大庄严，包括崇圣祠、大成殿、戟门、棂星门、名宦乡贤祠、礼门、泮池、泮桥等。其中大成殿和大成门使用了黄琉璃瓦。光绪三十三年(1907)，诏令大祀孔子，宫墙及崇圣祠屋顶上也使用了黄琉璃瓦。抗日战争时，日本飞机炸毁大成殿一角及西侧廊庑，后虽经修复，但终未能完全恢复原状，是为憾事。

8. 台北孔庙

台北孔庙位于台北市区大龙峒，因模仿福建泉州孔庙的建筑式样，被称为“正统南中国式孔庙”。清光绪七年(1881)，台北孔庙与府学一体，建于台北市文武里。1907年被日军拆除后，其地改建为新式学校。1925年，爱国人士200余人在台北集会，决定捐资购地，重建台北孔庙。1927 年于今址动工，历经艰辛，1939 年整体落成。中轴线上由南向北依次为万仞宫墙、泮池、棂星门、仪门、大成殿、崇圣祠等。殿堂屋顶之上，瓷粘、泥塑各类装饰色彩缤纷，为当地建筑的一大特色。轴线两侧各置东庑、东厢及西庑、西厢；附属建筑为明伦堂，作为集会之用。虽无学校之名，但教学设施一应俱全。

孔庙的入口设在西边，为重檐牌楼式建筑，屋脊燕尾高高翘起，中设拱门，两侧圆窗。棂星门中央的蟠龙石柱，采用福建泉州的青斗石与白石。仪门即大成门，门两旁的蟠龙花窗，线条流畅，一气呵成，为木雕中的杰作。大成殿为重檐歇山式，面宽 5 间，进深 6 间，四周围廊，共用 42 根巨柱，结构严谨。殿内神龛中沿袭明代做法，不设孔子塑像，仅供奉孔子牌位。龛上悬“有教无类”黑底金字匾额，两侧供奉颜子、曾子、子

台北孔庙

思、孟子与十二哲。每年9月28日孔子诞辰，亦即台湾教师节，台北孔庙都会举行隆重的祭孔大典，吸引了无数中外人士前往观礼。

相对于当地同时期的其他寺庙，台北孔庙的建筑比较朴素，但整体环境庄严肃穆，细部做法又蕴涵着丰富的意义。如在大成殿屋顶中央有一对圆筒，叫做“藏经筒”，表达出当地读书人对古代经典的爱护。传说在秦始皇焚书坑儒之时，儒生为了把书籍保存下来，就在屋顶上盖了个烟囱模样的藏书筒，把书藏在那里。屋顶上还有枭的雕饰。传说这是一种不孝而残暴的鸟，可是它也接受了孔子的教化，从而使孔子“有教无类”的精神得以弘扬。此外，台北孔庙建筑中所有的柱子和门窗上都不镌刻文字，据说这是表示无人敢在孔子门前卖弄学问。

近年来，台北市政府为推广儒家文化与尊师重道思想，定期在孔庙大成殿前举行盛大的拜师活动，邀集岛内外数百位学生参与，体验中国传统文化的精华。学生于仪门外等候拜师，效法北宋杨时师从程灏、程颐的虚心精神，重现当年“程门立雪”的场景。根据规划，活动开场时敲响锣鼓，以鼓明志，以锣警惕，使学生心中除去“一己之私、一己之利”。典礼由市长担任正献官，民政局长担任纠仪官。清晨先在大成殿前月台上，由学生表演八佾舞，表达对孔子的崇敬。在拜师礼中，学生要准备6种献品，各有深刻含义，如肉干寓意感谢师恩、芹菜寓意业精于勤、莲子寓意苦心教学、红枣寓意早日高中、桂圆寓意圆满自在、红豆寓意鸿运高照。此后向老师呈献“拜师帖”，并向老师行三跪九叩大礼。接着是师长带领学子齐颂《大学》的首章，表示承担传道、授业、解惑的重任。祭典过后，会有许多人争着为子女或自己拔智慧毛，祈求子孙增长智慧、求学顺利。

五

东亚及东南亚孔庙

据汉代的《史记》记载，早在公元前11世纪周武王灭商后，商朝老臣箕子就率领5000名族人逃往朝鲜半岛，随后在那里建立箕氏侯国，史称箕子朝鲜。公元前3世纪燕人卫满率领移民进入朝鲜半岛，带去了很多与儒学相关的中国文化。公元初年，朝鲜半岛出现对孔子的崇拜。14世纪李朝建立后，儒学被宣布为正统学问，孔子受到特别的尊崇。千百年来，孔子的道德思想和生活哲学一直影响着朝鲜半岛。儒学扎根于朝鲜半岛社会之中，尤其体现在教育、礼仪等方面。

约284年，王仁从朝鲜半岛到日本，进献《论语》和《千字文》。从贵族社会开始，儒学逐渐推广到日本全国各阶层。在圣德太子制定的《宪法》17条中，包括许多儒家思想。513年，日本开始讲习儒学的“五经”。唐代鉴真和尚东渡日本，带去了中国文化，其中包含不少儒家的内容。701年，日本开始祭祀孔子。《诗》、《书》、《易》、《礼》得以讲授，《论语》、《孝经》成为必读书。直到19世纪维新运动时期，日本人在思想上仍然重视儒学，仍在建造孔庙。日本儒学的特点是把忠、孝等理念付诸行动，把儒家思想用于企业管理。企业家用“礼”来完善制度，用“仁”来调整关系。

明清时期，中国东南各省孔庙迅速发展。到清末，广东、福建、台湾、海南等地州、县一级都有孔庙，它们与学堂结合，形成相对固定的庙学体系。在此基础之上，儒学不断深入人心，对境外的影响日益增强。儒学往东南亚地区的传播，发生于近几个世纪。华人大量移居南洋后，将故乡的传统文化带到了当地。儒学随着华人教育的发展而传播，孔庙也随之修建。除了建立专门的孔庙之外，很多地方还在华文学校中设立祭祀孔子的殿堂或者牌位。

在东南亚地区，孔庙多由华人社团捐资建立。民间修建的孔庙，大多模仿华南建筑的样式，反映出华人祖籍地的文化传统。20 世纪中期以后，东南亚各国普遍重视对当地孔庙建筑的保护，不少国家和地区将学校建设与崇拜孔子联系在一起。

在东亚及东南亚地区，孔庙主要的功能在于传播儒学思想，而不是像中国南方那样以祭祀孔子为主。其人文教化的相关因素，也常常超出了传统儒学的范畴。在东亚地区，孔庙建筑与本国的传统习俗关系密切，当地神仙也被供奉于孔庙，有的还和孔子平起平坐。在东南亚华人居住区的庙宇内，儒、释、道三教合一的现象十分普遍。当地的各类先贤往往也被列为诸神，经常出现多种文化、多种宗教合为一体的景象。

1. 朝鲜半岛孔庙

朝鲜半岛的儒学和孔庙设立较早，大量庙学合一的乡校孔庙保存至今，其中大多有大成殿和明伦堂。庆州乡校原是半岛东南部新罗王朝的国学，始建于682年，取名成均馆。717年开始祭祀孔子及其弟子，成为朝鲜半岛最早崇拜偶像的学校。935年新罗王朝灭亡，庆州国学变成了乡校。庆州乡校与中国书院相似，主要功能是传授儒学，而不是祭祀圣贤，明伦堂内高悬着“三纲”、“五伦”、《白鹿洞书院院规》等。1592年日本入侵，庆州乡校受到毁坏，1600年以后修复。乡校位于庆州市校洞，格局为前庙后学式。孔子庙有两进院落，前后依次为外三门和神三门，神三门内为大成殿和东、西两庑。釜山市东莱乡校的规模较大，门前立着“大小官员至此下马”碑。校内有明伦堂、大成殿、教化碑等，还有儒林会馆、儒道会、大成学团、女子儒道会等。有些是单纯传授儒学的书院，如庆州玉山书院、安东陶山书院等。开城文庙始建于高丽王朝成宗十一年(992)，形制为前庙后学。

14世纪时，汉阳(今韩国首尔)先后成为高丽王朝、朝鲜王朝的首都，其东门名兴仁，南门名崇礼，皆取儒学之意。故宫(景福宫)中的礼仪和制度，也依照儒家规定的礼制。成均馆位于钟路区明伦洞，原是半岛的最高学府，据《周礼》“掌成均之法典，以治建国之学政”的意思取名。始建于1398年，1499年和1592年两度毁于大火，随后重建。该馆与孔庙形成前庙后学的格局，中轴线上由南向北依次为三门、大成殿、明伦堂，东西两侧分布着进士食堂、正录厅、丕阐堂等。大成殿内不仅供奉孔子和十哲，也供奉朝鲜半岛古代的儒家圣贤。迄今，每年春秋两季释奠及孔子诞辰举行祭孔大典时，大成殿才对公众开放，仪礼完全依照中国传统。此外还在每月的初一、十五行焚香礼，表达对先圣先师的崇敬之情。成均馆属下的各地乡校，每年寒暑假都会为中小学生开课，向他们传授忠、孝、仁、爱等道德规范和行为准则。

半岛上的高丽国是曲阜孔氏最早向海外迁徙的目的地，

当时元朝对高丽采取了联姻政策。鲁卫王之女承懿公主嫁给入元为质的高丽王子，后偕夫君前往朝鲜，随行人中包括孔子第五十四代孙孔昭。孔昭被封为昌原伯，死后葬于昌原。其子孙达到数万人，他们居住地或称孔子谷，或称丘山，或称阙里，都与山东曲阜相关。孔昭成了朝鲜半岛孔氏的祖先，其后裔多以昌原为籍贯。

2. 日本孔庙

日本孔庙又称圣堂、圣庙、文庙、孔子堂等。约284年，朝鲜半岛的百济使节到达日本，传入《论语》等儒学经典。676年模仿中国的太学，在日本设立大学寮。8世纪颁布的《大宝律令》规定，《论语》、《孝经》等儒学经典为学生必读书。日本保存的孔庙较多。现存的30多处孔庙，多为江户时代（1603～1867）遗留的建筑，大多仿效中国宋代以后的做法，将孔庙与学校合为一体。

足利孔庙和学校，在东京之北大约100千米的枥木县足利市。创建年代不详，首次重修于1439年，坐北朝南，东庙西学。原有学校建筑已毁，现有建筑多为重建。孔庙是宽文八年（1668）的遗构，有入德门、杏坛门和孔子堂，孔子堂内供奉木雕的孔子像。现在每年的11月23日举行祭祀活动，由市长担任主祭。

汤岛圣堂（孔庙）位于东京御茶水。宽永七年（1630）三代将军德川家光划出江户上野忍冈的一块地基，命令尊崇朱子学的林罗山建立圣堂和学塾，并由林家世袭教官，以儒学教育幕府臣僚的子弟。元禄三年（1690）五代将军纲吉将圣堂和学塾移建于汤岛，命林家三代孙林凤冈主持。宽政十一年（1799）予以扩建，占地面积达到38 000多平方米。1923年关东大地震，圣堂毁于一旦，1935年重建。原为东学西庙的形制，如今仅庙存在。建筑坐北向南，东向仰高门为第一道入口，入门后向北折为入德门，拾级而上为杏坛门，杏坛门内为大成殿和东、西两庑。每年4月的第四个星期日举行祭祀活动，庙中供奉的孔子铜像据说是明朝学者朱舜水带去的，十分珍贵。

那霸孔庙在冲绳县，这里曾是中国的朝贡国琉球的所在地。明万历四十八年（1620），贡使蔡坚到北京朝拜，途经曲阜，参拜孔庙后，请回一尊孔子像。清康熙十一年（1672）经琉球国王批准，于久米村创建孔庙。嘉庆六年（1801），尚德王创建了国学孔庙。在1944年美军大轰炸中，两庙全部被毁。1962年开始重建，新的孔庙于1974年在那霸市落成。

大浦町孔子庙在长崎市，由日本华侨创建于1893年，大修于1983年。前后两进院落，有棂星门，泮池，大成门，大成殿，东、西两庑等建筑。庙内铭记《论语》警句，有七十二贤人的汉白玉石雕像，还有中国历代宝物馆。

3．越南孔庙

大约在西汉时期，儒学就传到了越南，此后持续发展。越南后黎朝顺天元年（1428），黎太祖采纳大臣的建议，在首都东京（今河内）设立国子监，置祭酒、教授等教学职位；又在各处路、县的治所设立学校，置教职。黎太宗时，开始举行全国性的科举考试，中试者得以享受各种优待。黎圣宗时，于国子监置五经博士，颁行儒学五经的官方版本。此外还重视翻刻各种儒家经典，用来教化百姓。在越南民间，汉字被认为是祭祀祖先时必用的“儒字”。在中国传统“敬惜字纸”观念的影响下，越南人禁忌践踏写有儒字的纸张。儒学在这里被称为“良教”，因为它能使人心地向善。

河内孔庙，是越南尊孔崇儒的象征。其中大成门、大成殿、奎文阁中的多副对联，集中表达了越南人对孔子和儒学的极大尊崇。大成殿的前殿中央的清康熙皇帝像，呈正在御书“万世师表”的姿态；后殿供奉孔子与四配像。与其他地方有所不同的是，此处孔子和四配的袍服冠冕皆为明代样式，应该是越南儒学于明代达到鼎盛的反映。河内孔庙与国子监合一，因而又是国家的最高学府。奎文阁后院的碑林，记载着历代科举中试者的姓名。

越南各地还有许多孔庙，如在北部海阳省锦样县，有座茅田孔庙，曾经毁于战争，后由百姓捐资修复。在南部偏僻的边和县，对孔子既有专门的庙宇祭祀，又在关帝庙或海神娘娘庙中供奉。在胡志明市的孔子大道上，民间集资雕刻的孔子像立在正中。

4. 印度尼西亚孔庙

清代乾隆年间，儒学传播到印度尼西亚。1729 年，明成书院成立，虽以教学为主，但有庙学合一的性质。1900 年创立的巴城中华会馆，以宣扬儒教和振兴华侨社会为宗旨。1919 年，全国的华文学校已达 200 余所，大多以尊孔和崇儒为宗旨。1923 年，孔教总会在万隆成立，创办了《孔教月报》。1955 年孔教总会在雅加达重建，又在梭罗、泗水、万隆等地设立分会，许多与祭孔相关的建筑保存至今。1963年，孔教总会改名为孔教联合会。与此同时，还出现了儒、释、道三教合一的“三教会”。

在爪哇岛，有3处庙宇与祭孔活动有关：一是泗水文庙，现改名为孔夫子堂；二是雅加达丹那地区的观音堂；三是三宝垄的大觉寺。泗水文庙始建于1883年，是专门祭孔的庙宇，建筑按中国南方风格建造，其中孔夫子堂内供奉孔子及七十二贤人。观音堂和大觉寺则在祭祀观音、玉皇的殿堂中，另设祭祀孔子的龛位。1965年，苏加诺总统发布第一号令，正式承认孔教为印度尼西亚六大宗教之一。

5. 新加坡等地孔庙

新加坡也是一个重视儒家思想的国家。从20世纪80年代开始，新加坡国立大学成立了东亚哲学研究所，以儒学为研究重点。教育部编辑《儒家伦理》图书、光盘等，用作中学教材。政府更专门规定道德礼貌周、敬老周，以求全民崇尚儒家思想的身体力行。中英文对照的孔子语录，大量出现于繁华的街市和熙熙攘攘的地铁中。

在新加坡，有大量推崇儒家文化的华人学校、儒学研究机构以及各种纪念孔子的庙宇。新加坡的崇文阁，在福建会馆一侧，由富商陈金声创建于1849年，大力宣扬儒家思想，1954年改建成今天的萃英书院。三教合一的思想在这个岛国特别流行，许多庙宇内同堂供奉着孔子、老子和释迦牟尼的塑像。在孔庙内，孔子居中，两旁是老子、佛祖。在老君庙内，老子居中，两旁是孔子、佛祖。在佛寺内，佛祖居中，孔子、老子在两旁。南洋孔教总会设在新加坡，不定期地组织尊孔读经等活动。依照儒家的孝、义精神，华人、华侨还组织了大量的宗亲会和同乡会。

在东南亚其他国家和地区，华人也都一直坚持着炎黄子孙的传统文化，始终信奉孔子的教导。长期以来，大家以各种方式来表达对这位先哲的敬意。缅甸曼德勒的云南会馆，始建于1876年，其中设有孔子殿，是一所传授儒学的华文学校；仰光的中华学堂，始建于1903年，定期举行祭孔仪式。马来西亚吉隆坡的尊孔学堂，始建于1906年，其中设有孔子殿，在当地具有较大的影响力。吉隆坡的隆雪陈氏书院，致力于传授儒家文化，建筑群也保持着中国传统建筑的风格。菲律宾马尼拉的崇文书院，始建于1917年，其宗旨是传播儒家文化。日本军队占领期间，崇文书院遭到破坏，战后重建保持至今。泰国华人也在学校或会馆中设立祭祀孔子的祭堂舍。

结束语

孔子创立的儒家思想是中国传统文化的主体，其积极入世的实践精神、深厚的历史感、道德感以及价值观成为历史上中国社会意识形态的主流。两千多年来，孔子提倡道德修养、实行仁政爱民的思想，一直对中国的社会政治发生着极其深刻的影响。随着全球化的日渐深入，儒学理所当然地成为人类共享的宝贵财富，孔子学说已经深入世界各地。各国孔子学院的建立，正是孔子思想被普遍接受的表现。孔子学院是以教授汉语和传播中国文化为宗旨的公益机构，是世界各国推广儒学的平台。自2004年首家孔子学院在韩国成立以来，已有100余家孔子学院分别建立于40多个国家。它秉承孔子“和为贵”、“和而不同”的普世理念，推动多种文化的交流与融合，致力于建设一个持久和平、共同繁荣的和谐世界。

中国历史年代表

<table>
<tr><td colspan="3">五帝</td><td colspan="2">约前 2900— 约前 2000</td></tr>
<tr><td colspan="3">夏</td><td colspan="2">约前 2070— 前 1600</td></tr>
<tr><td rowspan="2">商</td><td colspan="2">商前期</td><td rowspan="2">前 1600—
前 1046</td><td>前 1600—前 1300</td></tr>
<tr><td colspan="2">商后期</td><td>前 1300—前 1046</td></tr>
<tr><td rowspan="4">周</td><td colspan="2">西周</td><td rowspan="4">前 1046—
前 256</td><td>前 1046— 前 771</td></tr>
<tr><td colspan="2">东周</td><td>前 770— 前 256</td></tr>
<tr><td colspan="2">春秋</td><td>前 770— 前 476</td></tr>
<tr><td colspan="2">战国</td><td>前 475— 前 221</td></tr>
<tr><td colspan="3">秦</td><td colspan="2">前 221— 前 206</td></tr>
<tr><td rowspan="2">汉</td><td colspan="2">西汉</td><td rowspan="2">前 206 —
公元 220</td><td>前 206—公元 25</td></tr>
<tr><td colspan="2">东汉</td><td>25—220</td></tr>
<tr><td rowspan="3">三国</td><td colspan="2">魏</td><td rowspan="3">220—280</td><td>220—265</td></tr>
<tr><td colspan="2">蜀汉</td><td>221—263</td></tr>
<tr><td colspan="2">吴</td><td>222—280</td></tr>
<tr><td rowspan="2">晋</td><td colspan="2">西晋</td><td rowspan="2">265—420</td><td>265—317</td></tr>
<tr><td colspan="2">东晋</td><td>317—420</td></tr>
<tr><td rowspan="4">南北朝</td><td rowspan="4">南朝</td><td>宋</td><td rowspan="4">420—479</td><td>420—589</td></tr>
<tr><td>齐</td><td>479—502</td></tr>
<tr><td>梁</td><td>502—557</td></tr>
<tr><td>陈</td><td>557—589</td></tr>
</table>

续表

	北朝	北魏	386—581	386—534
		东魏		534—550
		北齐		550—577
		西魏		535—556
		北周		557—581
隋			581—618	
唐			618—907	
五代	后梁		907—960	907—923
	后唐			923—936
	后晋			936—947
	后汉			947—950
	后周			951—960
宋	北宋		960—1279	960—1127
	南宋			1127—1279
辽			907—1125	
金			1115—1234	
元			1206—1368	
明			1368—1644	
清			1616—1911	
中华民国			1912—1949	
中华人民共和国			1949—	

《中华文明史话》彩图普及丛书

书目

文明起源史话

黄河史话

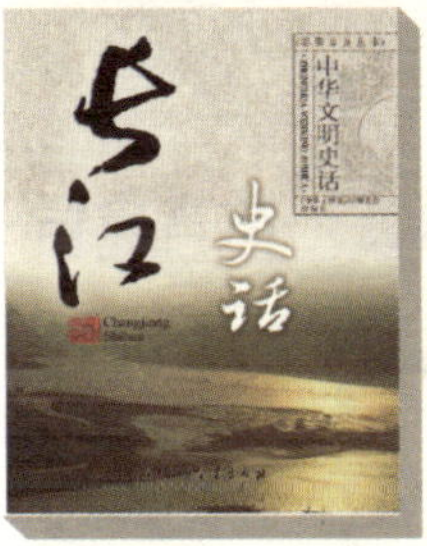

长江史话

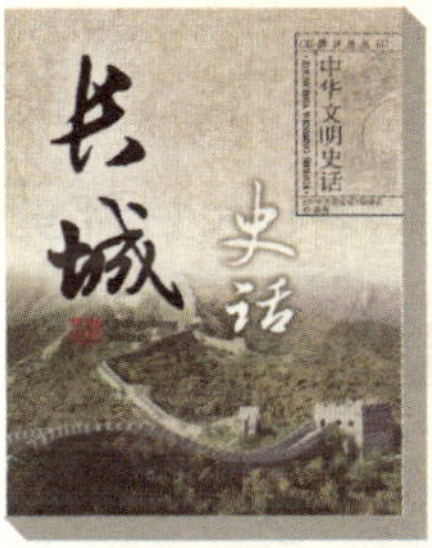

长城史话

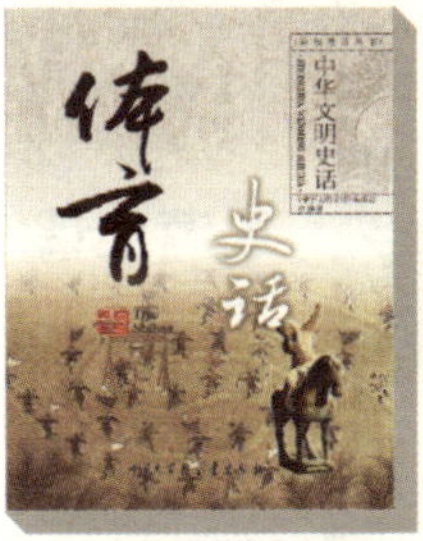

体育史话

杂技史话

小说史话

饮茶史话

书法史话

服饰史话

古塔史话

西藏宫殿寺庙史话

七大古都史话

故宫史话

民居史话

饮酒史话

绘画史话

诗歌史话

园林史话

孔庙史话

《中华文明史话》 彩图普及丛书